Joshua Piven
David Borgenicht

Das Travel-Survival-Buch

Überleben in Extremsituationen unterwegs

Aus dem Amerikanischen
von Martin Bauer

Mit Illustrationen von Brenda Brown

Ullstein

Die Autoren möchten all den Experten danken, die durch ihr unschätzbares Wissen und durch ihre Erfahrung dieses Buch erst ermöglicht und somit vielleicht ein oder zwei Leben gerettet haben. Besonderen Dank auch an all diejenigen, die an diesem Buch mitgearbeitet haben:
Mindy Brown, Erin Slonaker, Jason Rekulak, Susan Van Horn, Frances J. Soo Ping Chow, Jason Mitchell, Steve Mockus sowie Jay Schaefer.

Schauen Sie doch mal unter *www.worstcasescenarios.com* nach!
Dort finden Sie weitere Survivaltipps, aktuelle Informationen und vieles mehr.
Man kann nie wissen …

Ullstein Taschenbuchverlag
Der Ullstein Taschenbuchverlag ist ein Unternehmen der
Econ Ullstein List Verlag GmbH & Co. KG, München
Deutsche Erstausgabe
2. Auflage 2002

Titel der amerikanischen Originalausgabe:
The Worst-Case Scenario Survival Handbook: Travel
(Chronicle Books, San Francisco, California)
Übersetzung: Martin Bauer
Redaktion: Gabi Banas
Umschlagkonzept: Lohmüller Werbeagentur GmbH & Co. KG, Berlin
Umschlaggestaltung: DYADEsign, Düsseldorf
Titelabbildung: Mauritius, Frankfurt
Gesetzt aus der Adobe Caslon
Satz: KompetenzCenter, Düsseldorf
Druck und Bindearbeiten: Clausen & Bosse, Leck
Printed in Germany
ISBN 3-548-36310-5

Warnung

Bei Lebensgefahr gibt es häufig keinen gefahrlosen Ausweg mehr. Wir empfehlen Ihnen daher, sollten Sie in eine der in diesem Buch geschilderten Situationen geraten, sich an einen Experten zu wenden, der sich professionell damit auskennt. Wir bestehen sogar darauf. Versuchen Sie niemals, irgendetwas, was in diesem Buch beschrieben ist, auf eigene Faust nachzumachen! Natürlich wird nicht immer ein Experte zur Stelle sein. Wir haben daher Spezialisten aus den verschiedensten Bereichen um Rat gefragt, welche Methode sie persönlich in einer Gefahrensituation anwenden würden. Der Verlag, die Autoren, der Übersetzer und alle beteiligten Experten übernehmen keinerlei Haftung für irgendwelche Verletzungen und Schäden, die aufgrund des sachgemäßen oder unsachgemäßen Gebrauchs der in diesem Buch enthaltenen Informationen entstehen. Alle Informationen in diesem Buch stammen von Experten, die auf ihrem Gebiet Profis sind. Wir garantieren jedoch keinesfalls, dass all diese Ratschläge vollständig, sicher oder fehlerfrei sind, auch sollten sie in Gefahrensituationen niemals den gesunden Menschenverstand und das persönliche Urteilsvermögen ersetzen. Schließlich sollte nichts, was in diesem Buch beschrieben wird, dazu verwendet oder so interpretiert werden, dass die Persönlichkeitsrechte anderer oder Gesetze verletzt werden. Wir ersuchen Sie daher dringend, sich an die Gesetze zu halten und die Rechte – auch die Eigentumsrechte – Ihrer Mitmenschen zu respektieren.
Gute Reise!

Die Autoren

Inhalt

Vorwort

In meinem Leben voller Reisen und Abenteuer habe ich in gefährlichen und unangenehmen Situationen manche Lektion auf die harte Tour gelernt.

Lektion 1:

Normalerweise passiert das Unerwartete.

Es war im Juli 1989. Ich stand am Aufstieg zum Kilimandscharo auf 4500 Metern Höhe und wusste nicht, ob ich überleben würde.

Noch klangen mir die Stimmen meiner Freunde im Ohr, die vor meiner Abreise gesagt hatten: »Der Kili ist ein besserer Spaziergang, man braucht keine Klettererfahrung, um auf den Gipfel zu gelangen. Vielleicht wirst du ein bisschen höhenkrank, vielleicht kriegst du sogar ein kleines Ödem. Nur keine Sorge, du überlebst das schon!«

Diese Gedanken wurden von der Stimme eines Bergkameraden, eines Arztes, unterbrochen. Er hatte mich gerade gründlich untersucht und sagte: »Deine Lunge ist kollabiert. Außerdem hast du Ödeme in der Lunge und im Gehirn und Netzhautblutungen in beiden Augen.« Nun, dachte ich, das erklärt wenigstens, warum ich Schwierigkeiten beim Atmen habe, nicht mehr richtig sprechen kann, und mir die Augen schmerzen, wenn ich die Sonnenbrille abnehme. Meine Unfähigkeit zu sprechen und die geistige Verwirrung machten mir nicht so viel aus wie das Wissen, dass ein Lungenflügel kollabiert war (schon zum zweiten Mal in meinem Leben). Denn der andere Lungenflügel war mit Flüssigkeit gefüllt. Der Arzt meinte: »Wenn du eine Lungenentzündung bekommst, bist du morgen früh tot. Also steigst du jetzt am besten ab.«

Und dann bin ich marschiert, achtunddreißig Kilometer.

Zwei Tage später saß ich in einem Flugzeug ohne Druckkabine, das mich von Tansania nach Kenia brachte, von wo ich nach Deutschland weiterreiste und schließlich nach einem Horrorflug in der Raucherabteilung eines Pan Am-Jets nach New York gelangte. Fünf Tage nach dem Vorfall ging ich in ein Krankenhaus in Philadelphia, wo mich ein Neurologe und ein Lungenspezialist untersuchten. Beide waren sprachlos: Glaubte man den Lehrbüchern, hätte ich eigentlich nicht überleben dürfen. Doch ich hatte es geschafft, ich hatte überlebt.

Seit dieser Zeit weiß ich, dass ich auch die übelsten Situationen, in die ich auf meinen Reisen geraten würde, überleben konnte, wenn ich nur meinen Verstand beisammenhielt und durchhielt. Wundersamerweise habe ich meine Abenteuer allesamt ohne dauerhafte Schäden überstanden und mich aus jeder Lage aus eigener Kraft befreit.

Lektion 2:

Akzeptieren Sie die Dinge, die Sie nicht kontrollieren können.

Ich konnte nicht immer vorhersehen, welche kleineren oder größeren Probleme auftauchen würden. Doch trat eine Schwierigkeit auf, akzeptierte ich sie als unvermeidlich. Denn eines habe ich gelernt: Wenn ein Dieb in Buenos Aires mir die Hosentaschen mit einer Rasierklinge aufschneidet, wenn ich wegen »terroristischer Umtriebe« in Kroatien über das Kosovo umgeleitet werde oder wenn auf einem Flug mit Zwischenstopp in Atlanta mein Gepäck verloren geht, dann sind das keine außerordentlichen Vorkommnisse oder die Konsequenzen selbst begangener Fehler, sondern einfach die unvermeidlichen Begleiterscheinungen des Reisens.

Als ich noch in Kenia lebte, charterte ich für Wochenendausflüge Flugzeuge, weil man Fliegen für sicherer hielt als Autofahren. Einmal war das Flugzeug, das ich chartern wollte, für das Wochenende bereits reserviert – und stürzte genau an jenem Wochenende ab. Die Einheimischen reagierten gelassen: »Hakuna matata«, sagten sie. Kein Problem. Das kommt vor. Manchmal geschehen Dinge vielleicht aus einem bestimmten Grund. Und manchmal passieren sie einfach so. Ich jedenfalls nahm am folgenden Wochenende den Zug.

Für manche Leute macht genau das den Reiz des Reisens aus, dass man in Extremsituationen gerät und sich dieser Herausforderung mit Grips und Durchhaltevermögen stellen muss. Doch gewöhnen Sie sich an den Gedanken, dass bei jeder Art von Reise irgendwann Ihr Gepäck verloren geht, Ihre Hotelreservierung verschlampt wird und die letzte Maschine ohne Sie fliegt. Dann müssen Sie entscheiden, wie Sie das Problem beheben wollen.

Lektion 3:

Planen Sie immer für den Notfall.

Mit ein bisschen Vorbereitung kann man auch die haarigsten Situationen durchstehen. Einmal erlitt ich zum Beispiel eine ernste Unterkühlung, als ich durch die White Mountains (New Hampshire) wanderte und nur einen alten Baumwollschlafsack dabeihatte. Der

Wetterbericht hatte für das Tiefland Sonne und milde Temperaturen angekündigt, doch in den Bergen regnete es fünf Tage ohne Pause. Alles, was ich bei mir hatte, troff vor Nässe; mir wurde nie richtig warm. Und irgendwann fing ich wegen Unterkühlung an zu phantasieren und hätte beinahe das Bewusstsein verloren. Damals retteten mich nur meine zwei Kameraden, die mich in einen trockenen Schlafsack steckten und sich halbnackt an mich schmiegten, um mich zu wärmen. Danach schwor ich mir, nie wieder unvorbereitet überrascht zu werden. Ich habe diesen Schwur gehalten.

Jetzt informiere ich mich genau, bevor ich aufbreche. Ich hole mir Tipps, vergleiche verschiedene Reisemöglichkeiten und erkundige mich nach Unterkünften, dem Klima, der passenden Ausrüstung und allen anderen Dingen, die wichtig werden könnten. Ich habe nicht wegen verpasster Anschlussflüge auf Flughäfen festgesessen, weil ich mich vorher über spätere Flüge von Konkurrenz-Airlines informiert hatte. Einmal reiste ich in elf Zügen und Bussen von der Schweiz nach Den Haag in Holland. Ich musste unbedingt vor Mitternacht wieder in meinem Hotel sein, da es um diese Zeit zusperrte. Mein erster Zug in der Schweiz hatte zehn Minuten Verspätung, weshalb ich jeden weiteren geplanten Anschluss in Deutschland und Holland verpasste. Aber ich habe es trotzdem geschafft.

Doch man muss vorbereitet sein. Schließlich kann ein Regentag in Paris genauso unangenehm sein wie ein Sturm im Nordatlantik – wenn man nicht die passende Ausrüstung hat.

Lektion 4:

Egal, wie schlimm die Lage aussieht, sie kann immer noch schlimmer werden.

Kürzlich nahm ich an einer einmonatigen Expedition zum Wrack der *Titanic* teil. Und jeden Tag lieferte die Expedition den Beweis, dass *Murphys Gesetz* gilt: Alles, was schief gehen kann, wird schief gehen. Jeder Tag brachte neue Komplikationen, manchmal mehrere gleichzeitig. Ausrüstungsgegenstände versagten, das Wetter war fürchterlich – wir erlebten drei Stürme und einen Hurrikan -, und die Mannschaft holte sich eine Lebensmittelvergiftung. All das gesellte sich zu dem unglaublich hohen Risiko, das wir ohnehin eingingen: Jeder Tauchgang in den Unterwasserfahrzeugen konnte tödlich enden, durch Implosion, Ertrinken, Verbrennen, Erfrieren oder Ersticken. Um uns noch ein wenig nervöser zu machen, begleiteten die Augen der Weltmedien die Expedition. Trotzdem haben wir alle überlebt und sämtliche Schwierigkeiten gemeistert, indem wir uns ihnen stellten, sie aus dem Weg räumten und das nächste Problem anpackten. Nie erlaubten wir den Schwierigkeiten, sich anzuhäufen – sonst hätten sie uns überwältigt.

Auf unserer Expedition galt, was auch für jede Ihrer Reisen gelten muss: Die Frage lautet nicht, wie schlimm die Lage aussieht, sondern was man dagegen machen kann.

Und genau das erfahren Sie in diesem Handbuch.

David Concannon
(Mitglied des *Explorers Club*)

Leute packen nicht für eine Reise – die Reise packt die Leute
John Steinbeck

Die Zaudernden sollten zu Hause bleiben
Justice Benjamin Cardozo

Einleitung

Die Statistik spricht gegen Sie: Über die Hälfte aller Reisenden stößt irgendwann auf ein Problem. Natürlich hoffen wir, dass Ihnen nichts Schlimmeres widerfährt, als einen Flugzeugsitz zu bekommen, dessen Lehne sich nicht nach hinten kippen lässt, oder ein Hotelzimmer mit tropfendem Wasserhahn. Doch es können ganz andere Dinge schief gehen.

Flugzeugentführungen. Blutegel. Führerlose Züge. Taranteln. Tsunamis. Abgetrennte Glieder. Überfälle. Abstürze. Kaputte Bremsen. Eine Entführung durch Aliens. Vielleicht ein Feuer im Hotel, in dessen 33. Stock Sie schlafen.

Unser Rat ist ganz einfach: Seien Sie stets auf das Schlimmste vorbereitet.

Denn wir halten es für Unfug, wenn man nur deswegen zu Hause bleibt, weil man unterwegs Pech haben und in Gefahr geraten könnte. (Wie wir in unserem ersten Buch, *Das Survival-Buch,* bereits gezeigt haben, kann man auch zu Hause in die abenteuerlichsten Situationen geraten.) Also, brechen Sie auf und schauen Sie sich die Welt an! Steigen Sie auf Berge, überqueren Sie Flüsse, reiten Sie auf Kamelen, probieren Sie die einheimische Küche! Gehen Sie ruhig auch mal Risiken ein – solange Sie nur wissen, was zu tun ist, sollte Ihre Reise eine katastrophale Wende nehmen.

Um Ihnen eine möglichst breite Palette von Ratschlägen anbieten zu können, haben wir den Begriff »Reisen« weit gefasst. Es beginnt, wenn wir unsere Wohnung verlassen, ob wir jetzt die Straße oder den Äquator überqueren. Denn für jemanden, der in New

Jersey lebt, ist ein Sandsturm eine exotische, außergewöhnliche Erfahrung, für einen Bewohner von Saudi Arabien wohl kaum. Wohnt man in Tahiti, läuft man nur geringe Gefahr, auf die Schienen einer U-Bahn zu stürzen; für einen Bewohner von Paris, London oder Tokio gehört diese Möglichkeit zum täglichen Leben. Was ein Reisender als Abenteuer empfindet, ist für den Einheimischen oft genug nur Alltag.

Im Folgenden bereiten wir Sie auf die schlimmstmöglichen Szenarien auf Reisen vor und zeigen Ihnen, wie Sie auch in widrigsten Umständen Ihr Leben retten können. Doch obwohl wir es gut meinen und Ihnen gerne ein Gefühl der Sicherheit vermitteln würden: Wir sind selbst keine Überlebenskünstler, sondern nur einfache Touristen – Zivilisten, Amateure, zwei stinknormale Kerle (wenn auch Kerle mit einer gesunden Portion Paranoia und Neugierde). Deswegen haben wir einschlägige Spezialisten befragt, wie man sich in gewissen Situationen zu verhalten hat: die US Army, das amerikanische Außenministerium, Sicherheitsexperten, Piloten, Eisenbahningenieure, Stuntleute, Anti-Terror-Berater, Expeditionsleiter, Zoologen mit dem Spezialgebiet exotische Tiere, Crash-Car-Piloten und andere. (Mehr Informationen über die Experten befinden sich am Ende des Buches.) Mit Hilfe ihrer Aussagen und Ratschläge haben wir illustrierte Schritt-für-Schritt-Anleitungen für Dutzende von Notlagen erarbeitet.

Um dieses Buch auch für weniger aufregende Reisetage nützlich zu gestalten, haben wir uns darüber hinaus bei den Experten nach Insidertipps erkundigt, wie man am angenehmsten reist. Das Ergebnis dieser Befragung finden Sie im Anhang, wo Sie Tipps zum

Packen, Fliegen, Wohnen und Herumreisen finden. Abgerundet wird der Anhang mit einem kleinen Glossar in fünf Sprachen für den extremen Notfall.

Wenn Sie nur ein einziges Mal – ob morgen oder in zehn Jahren – das Wissen aus diesem Buch anwenden können, könnten Sie ein Leben retten. Ihr eigenes oder das eines Begleiters.

Dieses Buch könnte Ihr Lebensretter sein – und außerdem eignen sich seine Seiten hervorragend als Not-Toilettenpapier.

Und selbst wenn Sie nur zu den Lehnstuhl-Reisenden gehören, wird dieses Buch Sie doch zumindest unterhalten und gut informieren.

Gute Reise!

Kapitel 1

Anreise

Anhalten eines durchgehenden Kamels

1 Behalten Sie die Zügel fest im Griff, reißen Sie aber nicht an ihnen, um das Kamel zu bremsen.

Der Kopf eines Kamels kann im Unterschied zu dem eines durchgehenden Pferdes nicht immer zur Seite gezogen werden, um das Tier zum Stehen zu bringen. Kamele haben entweder ein normales Zaumzeug oder

Halten Sie sich gut fest und ziehen Sie die Zügel auf eine Seite, damit das Kamel im Kreis rennt. Es wird von selbst stehen bleiben.

Nasenring, Nasenpflock und einen daran gebundenen Strick als Zügel. In letzterem Fall dürfen Sie keinesfalls zu heftig am Zügel ziehen, sonst verletzen Sie das Tier – oder der Zügel reißt.

❷ **Hat das Kamel robuste Zügel und einen normalen Halfter, dann ziehen Sie die Zügel in eine Richtung, damit das Kamel im Kreis läuft.**
Kämpfen Sie nicht gegen das Kamel; ziehen Sie die Zügel in die Richtung, in die das Kamel seinen Kopf ohnehin zu drehen versucht. Möglicherweise ändert das Kamel mehrmals die Richtung – lassen Sie es gewähren.

❸ **Hängt der Zügel an Nasenring und -pflock, dann halten Sie sich gut fest.**
Nutzen Sie die Zügel, um das Gleichgewicht zu halten, und klammern Sie sich mit den Füßen fest. Sollten Sie auf einem Sattel sitzen, halten Sie sich am Knauf fest.

❹ **Halten Sie sich fest, bis das Kamel stehen bleibt.**
Egal, ob das Tier im Kreis oder geradeaus rennt, es wird nicht lange laufen. Sobald es müde wird, setzt es sich hin.

❺ **Springen Sie ab, sobald das Kamel sitzt.**
Halten Sie dabei die Zügel fest, damit es Ihnen nicht davonläuft.

Stoppen eines führerlosen Zuges

❶ **Suchen Sie die Notbremse.**
In jedem Waggon befindet sich mindestens eine Notbremse, die normalerweise rot markiert und deutlich gekennzeichnet ist.

❷ **Ziehen Sie die Notbremse.**
Damit öffnen Sie ein Ventil, das Luftdruck aus dem Bremssystem ablässt und die Bremsen aktiviert. Vorsicht! Es besteht die Möglichkeit, dass der Zug entgleist; die Wahrscheinlichkeit dafür hängt davon ab, wie kurvig und wie steil die Strecke ist, wie viel der Zug wiegt und wie viele Waggons er hat.

Wenn die Bremse nicht funktioniert

❶ **Rufen Sie Hilfe.**
Machen Sie Funkgeräte, Bordtelefone o. Ä. der Zugbegleiter ausfindig und versuchen Sie, auf diesen Geräten eine Verbindung herzustellen. Drücken Sie bei Funkgeräten den Sprechknopf, der zwischen Mikrophon und Hörmuschel liegt. Wechseln Sie nicht den Kanal, auch wenn Sie keine Antwort bekommen. Senden Sie einen Notruf, aus dem ein eventueller Empfänger die Position des Zuges ermitteln kann (geben Sie zum Beispiel die Nummer und das Ziel des Zuges an). Möglicherweise hört Sie der Fahrdienstleiter und macht den Weg frei, auch ohne Ihnen geantwortet zu haben. Wenn Sie mit dem Funkgerät niemanden erreichen, müssen Sie selbst versuchen, den Zug zu stoppen.

❷ **Bahnen Sie sich den Weg an die Spitze des Zuges.**
Ziehen Sie unterwegs alle Notbremshebel oder weisen Sie andere Passagiere an, die Handbremsen anzuziehen. Diese Handbremsen sind Teil eines anderen Bremssystems und befinden sich am Ende jedes Waggons, im Eingangsbereich. Diese Bremsen werden betätigt, indem man ein Rad dreht oder mit einem Hebel pumpt. Ziehen Sie jede einzelne dieser Bremsen so fest wie möglich und lassen Sie sie angezogen.

❸ **Gehen Sie in die Lokomotive.**
Treten Sie nur äußerst vorsichtig auf die Kupplung, die den Triebwagen mit dem ersten Waggon verbindet. Oft genug besteht keine Möglichkeit, in die Lokomotive von den Waggons aus zu kommen. Begeben Sie sich in diesem Fall in den hintersten Waggon und folgen Sie den Anweisungen auf S. 23 (»Wenn der Zug nicht langsamer wird oder ein Zusammenstoß unmittelbar bevorsteht«).

❹ **Versuchen Sie den Zug zu stoppen, indem Sie den Hebel der Bremsanlage betätigen.**
Der Hebel ist deutlich gekennzeichnet und vom Sitz des Zugführers leicht erreichbar. Leider ist es international nicht einheitlich geregelt, ob Sie den Hebel zum Bremsen zu sich heranziehen oder von sich wegschieben müssen. Versuchen Sie, aus der Beschriftung schlau zu werden oder gehen Sie nach dem Prinzip Versuch und Irrtum vor.

❺ **Ziehen Sie den Brems- und den Beschleunigungshebel zu sich oder schieben Sie sie Richtung Windschutzscheibe, je nachdem.**
Sie werden merken, bei welcher Stellung der Zug langsa-

mer wird. Drücken Sie danach alle Sicherungen nach unten, um die Stromzufuhr zum Motor zu unterbrechen.

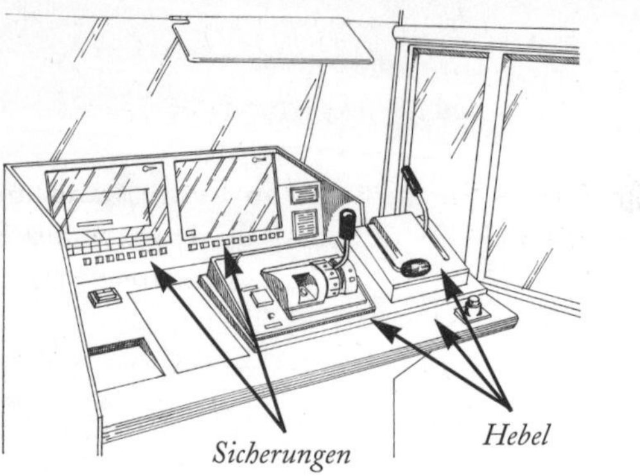

Schieben Sie den Brems- und den Beschleunigungshebel nach vorne, Richtung Windschutzscheibe, bzw. ziehen Sie sie nach hinten, je nachdem, welche Maßnahme den Zug abbremst. Drücken Sie alle weißen Sicherungshebel nach unten.

❻ **Betreten Sie den Maschinenraum (rechts hinter Ihnen), falls der Zug nicht zum Stehen kommt.**
Ist es dort sehr laut, so läuft die Lokomotive noch »unter Last«, das heißt, sie zieht weiterhin.

❼ **Gehen Sie rasch durch den Maschinenraum, entlang des Motorblocks.**
Suchen Sie nach dem Antriebsaggregat; es ist etwa eineinhalb Meter hoch und sieht aus wie ein Automotor.

❽ **Stoppen Sie den Motor, indem Sie den Layshaft-Hebel betätigen.**
Dieser sechzig Zentimeter lange Hebel befindet sich auf Schulterhöhe unmittelbar am Ende des Antriebsaggre-

gats. Möglicherweise ist er schwer zu finden, weil er nicht farblich gekennzeichnet ist. Schieben Sie den Hebel ganz hinein, dann dreht das Aggregat schnell hoch und schaltet automatisch ab. Dieser Hebel funktioniert rein mechanisch und stoppt den Motor auf jeden Fall. (Allerdings gibt es diesen Hebel in europäischen Zügen nicht.)

9 **Gehen Sie zurück zum Führerstand und warnen Sie alle anderen Verkehrsteilnehmer, indem Sie das Signalhorn betätigen – der Zug kann einen Bremsweg von mehreren Kilometern haben.**
Die Hupe wird entweder mit einem Griff betätigt, der die Größe einer Hand hat und nach oben zeigt, oder mit einem Knopf auf dem Armaturenbrett, der mit »Horn« oder »Hupe« beschriftet ist.

Wenn der Zug nicht langsamer wird oder ein Zusammenstoß unmittelbar bevorsteht

1 **Begeben Sie sich so ruhig und gefasst wie möglich ans Ende des Zuges.**
Hier sind Sie bei einem Zusammenstoß am sichersten. Weisen Sie die übrigen Passagiere an, mit Ihnen in das hintere Ende des Zuges zu kommen.

2 **Bereiten Sie sich auf den Zusammenstoß vor.**
Schlafwagen befinden sich normalerweise am Ende des Zuges; dort finden Sie Matratzen und Kissen, mit denen Sie sich schützen können. Setzen oder legen Sie sich an eine Wand, die in Fahrtrichtung vor Ihnen steht. Dies verhindert, dass Sie im Moment des Zusammenstoßes nach vorne geschleudert werden. Je weiter Sie von der Lokomotive entfernt sind, desto besser.

Anhalten eines Autos ohne Bremsen

❶ **Treten Sie mit einer pumpenden Bewegung das Bremspedal immer wieder durch.**
Vielleicht gelingt es Ihnen, genug Druck im Bremssystem aufzubauen, um das Fahrzeug zu verlangsamen oder sogar zum Stehen zu bringen. Tun Sie das auch, wenn Ihr Auto über ABS verfügt, obwohl man die ABS-geregelten Bremsen normalerweise nicht pumpt.

❷ **Keine Panik! Bleiben Sie gelassen und steuern Sie das Auto mit gleichmäßigen Bewegungen.**
Oft vertragen Autos viel höhere Kurvengeschwindigkeiten, als Sie für möglich gehalten hätten oder gewohnt sind. Eventuell bricht das Heck aus; steuern Sie dann gegen. Achten Sie darauf, nicht zu stark gegenzulenken.

❸ **Schalten Sie in den niedrigstmöglichen Gang und nutzen Sie die Bremswirkung von Motor und Getriebe.**

❹ **Ziehen Sie die Handbremse – aber nicht zu fest.**
Wenn Sie die Handbremse zu fest anziehen, blockieren die Hinterräder, und das Auto gerät ins Schleudern. Üben Sie einen gleichmäßigen Zug auf die Bremse aus. In den meisten Autos funktioniert die Handbremse über Draht und ist somit vom Hauptbremssystem unabhängig. Hand- und Motorbremse gemeinsam verlangsamen das Auto und bringen es schließlich zum Stehen.

❺ Versuchen Sie eine 180-Grad-Wende, wenn vor Ihnen ein unüberwindliches Hindernis auftaucht.
Ziehen Sie die Handbremse fest an und schlagen Sie das Lenkrad um eine Vierteldrehung ein. Durch dieses Manöver schleudert das Auto um 180 Grad um die eigene Achse. Wenn Sie vorher bergab gefahren sind, fahren Sie jetzt bergauf und werden bald langsamer.

❻ Fahren Sie in Schlangenlinien über die gesamte Breite der Straße, wenn der Verkehr es zulässt.
Je schärfer die Kurven, die Sie am jeweiligen Straßenrand machen, desto größer die Bremswirkung.

❼ Nutzen Sie vorausfahrende Fahrzeuge als Prellbock.
Hupen Sie, blenden Sie auf, versuchen Sie, die Aufmerksamkeit des vor Ihnen Fahrenden zu erregen. Warnen Sie ihn, dass Sie ihn rammen werden. Versuchen Sie, das vor Ihnen fahrende Auto genau von hinten zu treffen, Stoßstange auf Stoßstange. Sonst rammen Sie es von der Straße. Vorsicht! Dies ist ein äußerst riskantes Manöver! Es funktioniert am besten, wenn das gerammte Fahrzeug – idealerweise ein Bus oder Lastwagen – größer ist als Ihres und etwa mit der gleichen Geschwindigkeit fährt. Denn in ein deutlich langsamer fahrendes oder gar stehendes Auto wollen Sie ganz sicher nicht hineinfahren.

❽ Suchen Sie nach eventuellen Bremshilfen.
Biegen Sie, wenn möglich, auf eine ebene oder ansteigende Straße ab, fahren Sie in ein Feld oder durch einen Zaun. All das bremst das Auto ab, bringt es aber nicht sofort zum Stehen. Sie könnten auch mit dem Auto an der Leitplanke entlangschrammen. Nutzen Sie

niemals Bäume oder Telefonmasten als Bremshilfe – diese geben nicht so schnell nach.

9. **Versuchen Sie nie, an entgegenkommenden Fahrzeugen entlangzuschrammen.**

10. **Hat keiner der oben genannten Schritte Ihr Fahrzeug zum Stehen gebracht und Sie befinden sich unmittelbar vor einem Abgrund, dann fahren Sie gegen irgendein Hindernis, das Sie abbremst, bevor Sie hinunterstürzen.**
Die Ramm- und Farbspuren an dem Hindernis zeigen anderen Leuten an, dass etwas in den Abgrund gestürzt ist. Da die meisten Abhänge keine senkrechten Abhänge sind, fallen Sie vielleicht nur wenige Meter und kommen dann zum Stehen.

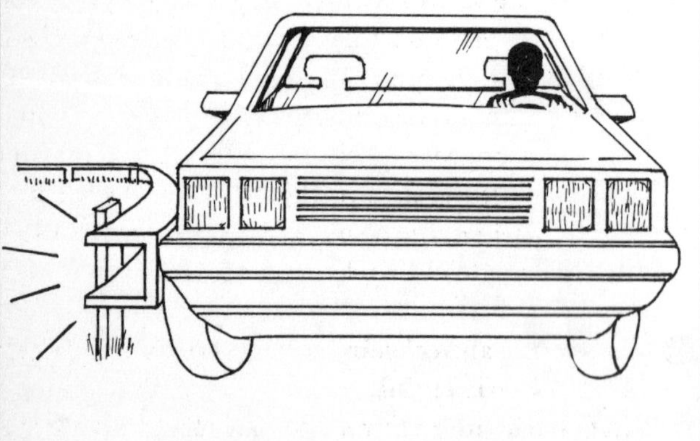

Wenn Sie an Leitplanken oder Felsen entlangschrammen, kann das Ihr Fahrzeug abbremsen. Versuchen Sie das nur bei niedrigeren Geschwindigkeiten.

Anhalten eines durchgehenden Pferdes

❶ **Klammern Sie sich mit Händen und Oberschenkeln fest an den Sattel.**
Die meisten Verletzungen passieren, weil der Reiter abgeworfen wird, vom Pferd fällt oder abspringt. In diesen Fällen schlägt er oft hart am Boden auf oder wird gegen einen Baum oder Zaun geschleudert.

❷ **Packen Sie den Knauf am vorderen Ende des Sattels mit der einen Hand und die Zügel mit der anderen.**
Halten Sie sich am Sattelknauf oder an der Mähne des Pferdes fest, wenn Ihnen die Zügel entglitten sind, und warten Sie, bis das Tier langsamer wird oder anhält.

❸ **Bleiben Sie so aufrecht wie möglich im Sattel sitzen.**
Geben Sie nicht dem Instinkt nach, sich nach vorne zu beugen (vor allem in Waldgebieten mit vielen Bäumen und Ästen wird die Versuchung groß sein), denn das ist nicht die Standardposition für einen Reiter, der sein Pferd anhalten will (brr!). Das Pferd merkt den Unterschied. Bleiben Sie also normal sitzen, die Füße in den Steigbügeln leicht nach vorne geschoben.

❹ **Ziehen Sie abwechselnd mäßig fest an den Zügeln und lassen Sie wieder los.**
Reißen Sie nie zu fest an den Zügeln eines Pferdes, das sich in vollem Lauf befindet – damit könnten Sie das Pferd aus dem Gleichgewicht bringen, so dass es strauchelt oder stürzt. Ein Pferd kann bis zu fünfzig Stun-

denkilometer schnell laufen; wenn es fällt, werden Sie mit hoher Wahrscheinlichkeit schwer verletzt oder sogar getötet.

❺ **Ziehen Sie einen Zügel kräftig zur Seite, sobald das Pferd langsamer geworden ist und nur noch trabt oder langsam galoppiert. Das Pferd wird seinen Kopf dann auf diese Seite wenden, zu Ihrem Fuß im Steigbügel hin.**
Mit diesem Manöver bringen Sie das Pferd dazu, im Kreis zu gehen. Es wird sich bald langweilen, spüren, dass Sie wieder die Kontrolle übernommen haben, und immer langsamer werden.

❻ **Bewegt das Pferd sich nur noch in Schrittgeschwindigkeit, ziehen Sie beide Zügel langsam, aber kräftig an, bis es stehen bleibt.**

❼ **Steigen Sie sofort ab, bevor das Pferd eine Chance wittert, erneut durchzugehen.**
Halten Sie beim Absteigen die Zügel fest, damit das Pferd stehen bleibt.

Achtung!

- Lange Zügel, die vor der Brust eines Pferdes herabhängen, könnten es zum Straucheln bringen. Unerfahrene Reiter sollten daher die Enden der Zügel über dem Hals des Pferdes zusammenbinden, so dass sie nicht mehr herunterhängen und zur Gefahr werden können.
- Pferde gehen durch, wenn sie Angst haben oder extrem gereizt werden. Am wichtigsten ist, die Kontrolle über die Situation zu behalten, ohne das Pferd

weiter zu erschrecken. Reden Sie ihm beruhigend zu und streicheln Sie ihm mit einer Hand den Hals. Wenn Sie brüllen, schreien oder treten, erregen Sie das Tier nur noch mehr.

Notwasserung eines Flugzeugs

Die folgenden Anweisungen gelten für kleine, propellergetriebene Flugzeuge, nicht für Verkehrsflugzeuge.

❶ **Nehmen Sie den Pilotensitz ein.**
Hat das Flugzeug zwei Pilotensitze, wird der Pilot auf dem linken Platz sitzen. Setzen Sie sich auf den rechten. Hat das Flugzeug nur einen Pilotensitz und ist der Pilot bewusstlos, dann entfernen Sie ihn von seinem Sitz. Gurten Sie sich fest.

❷ **Setzen Sie den Kopfhörer für den Sprechfunk auf (falls vorhanden) und rufen Sie Hilfe.**
Ein Knopf befindet sich entweder auf dem Steuerknüppel (dem »Steuerrad« des Flugzeugs), oder es hängt ein Sprechfunk-Mikrophon an der Instrumententafel. Drücken Sie den Knopf, um zu sprechen; lassen Sie ihn los, um zu hören. Sagen Sie: »Mayday! Mayday«, schildern Sie Ihre Situation und geben Sie das Flugziel und die Flugzeugrufnummer durch (diese müsste oben an der Instrumententafel stehen). Sollten Sie keine Antwort erhalten, versuchen Sie es noch einmal auf der Notruffrequenz 121,5. Die Person am anderen Ende sollte in der Lage sein, Ihnen über Funk die richtigen Anweisungen zum Landen zu erteilen. Sollten Sie niemanden erreichen, müssen Sie das Flugzeug alleine zu Boden bringen.

❸ **Orientieren Sie sich im Cockpit und stellen Sie fest, welche Funktionen die Instrumente haben.**

Steuerknüppel

Das »Steuerrad« des Flugzeugs sollte sich direkt vor Ihnen befinden. Damit können Sie das Flugzeug manövrieren und Höhe und Neigung kontrollieren. Ziehen Sie den Knüppel zu sich heran, dann geht die Nase des Flugzeugs nach oben, schieben Sie ihn nach vorn, neigt sie sich nach unten. Drehen Sie den Steuerknüppel nach rechts, um nach rechts zu fliegen, nach links, um nach links zu fliegen. Der Steuerknüppel reagiert sehr empfindlich, drehen Sie ihn also nur wenige Zentimeter, wenn Sie eine Kurve fliegen wollen. Während des Normalflugs sollte die Nase des Flugzeugs etwa 10 Zentimeter unter dem Horizont liegen.

Höhenmesser

Dies ist das wichtigste Instrument, zumindest zu Beginn des Fluges. Es ist ein schwarz hinterlegtes Rundinstrument mit weißen Zeigern und Zahlen und befindet sich in der Mitte der Instrumententafel. Die Null liegt oben, der kleine Zeiger gibt die Höhe über dem Meeresspiegel auf einer Tausend-Fuß-Skala an, der große Zeiger auf einer Hundert-Fuß-Skala (ein Fuß entspricht 0,30 m).

Richtungsanzeiger

Dies ist ein Kompass, zu erkennen an dem kleinen Bild eines Flugzeugs in der Mitte des Instruments. Die Nase zeigt in die Richtung, in die das Flugzeug fliegt.

Geschwindigkeitsmesser

Dieses Instrument befindet sich ganz oben links auf der Instrumententafel. Üblicherweise zeigt er die Geschwindigkeit in Knoten an (ein Knoten entspricht 1,85 km/h), manchmal auch in Meilen pro Stunde (eine Meile entspricht 1,6 km). Ein kleines Flugzeug fliegt etwa 120 Knoten, bei Geschwindigkeiten unter 70 Knoten droht das Flugzeug mangels Auftrieb »abzuschmieren«.

Drehzahlmesser

Dieses Instrument (in der Abbildung nicht zu sehen) befindet sich in der Nähe des Gashebels und zeigt die Anzahl der Umdrehungen des Motors der Maschine pro Minute an. In technisch komplizierteren Flugzeugen finden Sie unter Umständen eine Kraftstoffladedruck-Anzeige. Diese misst den Unterdruck im Ansaugrohr zwischen Motor und Vergaser in Inches Quecksilber (ein Inch = 2,54 cm) und zeigt an, wie viel Kraft ein Motor abgibt. Sollte eine Kraftstoffladedruck-Anzeige vorhanden sein, nutzen Sie sie anstatt des Drehzahlmessers. (Ein Inch Quecksilbersäule entspricht etwa 100 Umdrehungen pro Minute.)

Gashebel

Mit dem Gashebel kontrollieren Sie die Geschwindigkeit und den Anstellwinkel (Steigungswinkel) des Flugzeugs. Er befindet sich zwischen den Sitzen und ist immer schwarz. Ziehen Sie ihn zu sich heran, um die Geschwindigkeit zu drosseln und in Sinkflug zu gehen, und schieben Sie ihn nach vorn, um zu beschleunigen und zu steigen.

Treibstoffanzeige

Die Treibstoffanzeige befindet sich unten auf der Instrumententafel. Hat der Pilot sich an die Vorschriften der Flugaufsichtsbehörde gehalten, verfügt die Maschine über genug Treibstoff, um zum geplanten Ziel und noch eine halbe Stunde länger fliegen zu können. Manche Flugzeuge haben zusätzlich zum Haupt- noch einen Reservetank; versuchen Sie aber nicht, die Treibstoffzufuhr vom Haupt- auf den Reservetank umzuschalten. Mit vollen Tanks kann eine kleine Propellermaschine viereinhalb bis fünf Stunden in der Luft bleiben. Steht die Tankanzeige auf »halbvoll«, bleiben Ihnen also gut zwei Stunden Zeit. Seien Sie aber gewarnt: Die Tankanzeige von Flugzeugen gibt oft keine genauen Werte an; erfahrene Piloten verlassen sich nicht auf sie. Gehen Sie immer davon aus, dass Sie zu wenig Treibstoff haben, egal was die Tankanzeige sagt. Landen Sie deswegen die Maschine so früh wie möglich, um einen unkontrollierten Absturz zu vermeiden.

Gemischregler

Auf der Instrumententafel oder zwischen den Pilotensitzen befindet sich ein roter Knauf oder Hebel. Mit diesem Knauf reguliert man den Treibstoffzufluss zum Motor. Zieht man ihn heraus (zu sich), verringert man den Zufluss, drückt man ihn hinein (von sich weg), erhöht man ihn.

Autopilot

Die Schalttafel für den Autopiloten befindet sich im unteren Drittel der Instrumententafel, normalerweise direkt seitlich vom Steuerknüppel. Dort gibt es einen An-/Aus-Schalter und verschiedene Schalter und

Knöpfe mit Aufschriften wie »alt«, »heading« und »nav«.

Landeklappen

Die Landeklappen sind bewegliche Teile an den Flügeln, mit denen die Geschwindigkeit und der Neigungswinkel des Flugzeugs reguliert werden. Ihre Handhabung ist ziemlich kompliziert. Benutzen Sie deshalb den Gashebel zur Kontrolle der Geschwindigkeit und nicht die Landeklappen.

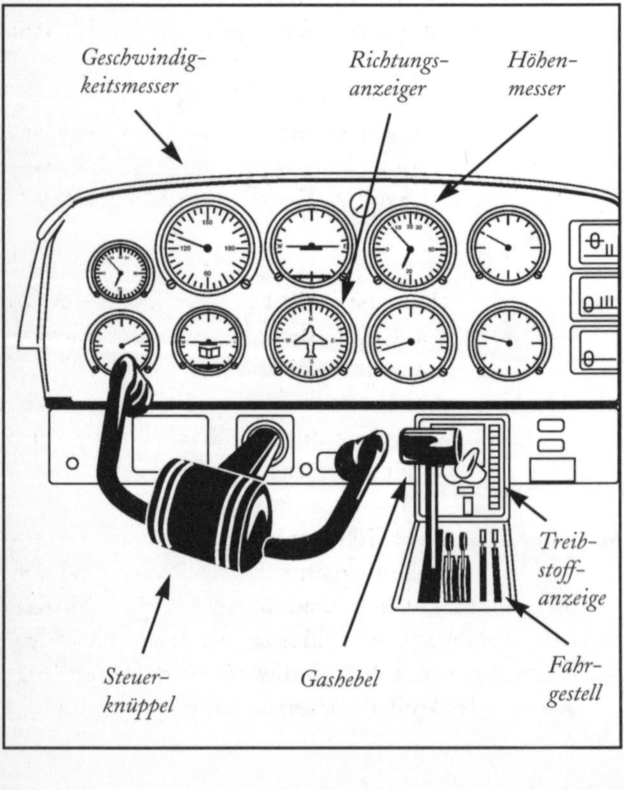

❹ **Aktivieren Sie den Autopiloten, wenn das Flugzeug geradeaus und horizontal fliegt.**
Drücken Sie die Knöpfe für »alt« (Höhe) und »heading« (Kurs) so oft, bis das Display »hold« (halten) anzeigt. Damit werden Ihre aktuelle Höhe und Ihr Kurs automatisch beibehalten. Dies gibt Ihnen die Möglichkeit, den Sprechfunk zu benutzen und Ihre Möglichkeiten für die Landung zu durchdenken.

❺ **Sobald Sie entschieden haben, wie Sie landen wollen, schalten Sie den Autopiloten aus und reduzieren Sie den Schub, indem Sie den Gashebel zu sich heranziehen.**
Ziehen Sie ihn langsam zu sich, bis die Nase des Flugzeugs sich nach unten neigt und die Maschine langsam zu sinken beginnt. Erst ab einer Höhe von etwa 600 Meter werden Sie das Wasser unter sich deutlich sehen können.

❻ **Auf einer Höhe von 2000 Fuß (ca. 600 Meter) ziehen Sie die Nase mit Hilfe des Steuerknüppels nach oben, bis das Flugzeug horizontal fliegt.**
Falls ein Ziehen am Steuerknüppel nichts bewirkt, können Sie auch den Schub erhöhen, indem Sie den Gashebel ein wenig nach vorne schieben.

❼ **Überblicken Sie die Wasserfläche vor sich.**
Sie müssen unbedingt in ruhigem Wasser und auf dem Rücken einer Welle landen, sonst laufen Sie Gefahr, dass Wellen über dem Flugzeug brechen. Das Flugzeug sollte gegen den Wind fliegen, so dass man auf dem Rücken der Wellen aufsetzen kann.

❽ Verringern Sie den Schub, indem Sie den Gashebel zu sich ziehen.

Verzichten Sie auf Landeklappen und Fahrwerk, das beim Eintritt ins Wasser ungeheuren Widerstand erzeugt. Bringen Sie das Flugzeug auf eine Höhe von 100 bis 200 Fuß.

❾ Verringern Sie den Schub weiter, bis der Drehzahlmesser 1500 bis 1700 Umdrehungen anzeigt bzw. die Kraftstoffladedruck-Anzeige auf 15 bis 17 Inches steht.

❿ Ziehen Sie den Steuerknüppel so weit zu sich, bis die Nase des Flugzeugs mindestens fünf bis zehn Grad über dem Horizont steht.

Die Flugzeugnase muss bei der Wasserung nach oben zeigen, damit der Propeller sich nicht ins Wasser frisst und das Flugzeug zum Überschlagen bringt. Die Nase sollte so weit angehoben werden, bis der Horizont fast vollständig verdeckt wird.

⓫ Vergewissern Sie sich direkt vor dem Aufschlag, dass der Gashebel so weit wie nur möglich zu Ihnen gezogen ist.

Zu diesem Zeitpunkt sollte sich das Flugzeug nicht mehr als drei Meter über dem Wasser befinden.

⓬ Befinden Sie sich auf 1,50 Meter über dem Wasser, ziehen Sie den roten Gemischregler-Knauf ganz zu sich. Damit stoppen Sie den Treibstofffluss zum Motor.

Orientieren Sie sich an der Wasseroberfläche, nicht am Höhenmesser, um Ihre Höhe einzuschätzen.

⓭ Halten Sie die Nase durch mäßigen Zug am Steuerknüppel leicht nach oben gerichtet.

Das Flugzeug sollte jetzt sanft auf dem Wasser aufsetzen. Konzentrieren Sie sich darauf, sicherzustellen, dass das Heck der Maschine zuerst aufschlägt. Hat die Maschine ein starres (nicht einfahrbares) Fahrwerk, überschlägt sie sich beim Aufprall höchstwahrscheinlich, weil das Fahrwerk beim Eintauchen ungeheuren Widerstand erzeugt.

⓮ **Öffnen Sie die Tür oder das Fenster, sobald Sie aufgesetzt haben, und verlassen Sie so schnell wie möglich das Flugzeug.**
Beginnt das Flugzeug zu sinken, lassen sich Türen und Fenster nur noch schwer öffnen. Treten Sie die Windschutzscheibe ein, falls die Flugzeugtür nicht aufgeht.

⓯ **Blasen Sie Schwimmweste oder Rettungsfloß (so vorhanden) erst außerhalb der Maschine auf.**
Beim Aufschlag schaltet sich der Notsender des Flugzeugs automatisch ein und übermittelt Ihre Position an Rettungskräfte.

Überleben eines Flugzeugabsturzes

Verringerung der Absturzwahrscheinlichkeit

❶ **Nehmen Sie einen Nonstopflug, wenn möglich.**
Die meisten Unfälle passieren während des Starts und der Landung; je weniger Zwischenstopps, desto geringer die Chance eines Absturzes.

❷ **Beobachten Sie das Wetter.**
Viele Abstürze passieren infolge schlechten Wetters. Informieren Sie sich also kurz vor dem Abflug über das Wetter auf der Strecke und speziell an Ihrem Zielflughafen. Verschieben Sie den Flug gegebenenfalls, wenn schlechtes Wetter vorhergesagt wurde.

Vorbereitung auf den Flug

❶ **Ziehen Sie ein langärmliges Oberteil und eine lange Hose aus Naturfasern an.**
Viele Verbrennungen können durch eine Schutzhülle zwischen Ihrem Körper und der Hitzequelle vermieden werden. Tragen Sie keinesfalls Kleidung aus pflegeleichtem Polyester oder Nylon: Die meisten Synthetikfasern sind nicht speziell auf Hitzebeständigkeit behandelt. Daher schmelzen sie schon bei relativ niedrigen Temperaturen (um 180 bis 220 Grad Celsius). Normalerweise schnurren diese Stoffe zusammen, bevor sie schmelzen – und wenn sie direkt an der Haut aufliegen, führt das zu einer ernsthaften Kompli-

kation der Verbrennungen. Ziehen Sie geschlossene Schuhe mit festen Sohlen an; möglicherweise müssen Sie über scharfkantiges Metall oder durch Flammen gehen. In vielen Fällen überleben Menschen zwar den Absturz, kommen aber in dem anschließend ausbrechenden Feuer um, durch Hitze, Rauch oder giftige Gase.

❷ **Bitten Sie beim Einchecken um einen Sitz am Gang, irgendwo in der hinteren Hälfte der Kabine.**
Im hinteren Teil eines Flugzeugs stehen die Chancen besser, einen Absturz zu überleben. Ein Sitz am Gang bietet den schnellsten Zugang zu einem Fluchtweg – sofern man nicht direkt neben einem Notausstieg sitzt. Verlangen Sie beim Einchecken am besten einen Fensterplatz direkt am Notausstieg!

❸ **Achten Sie auf die Sicherheitshinweise und machen Sie den nächstgelegenen Notausstieg ausfindig.**
Die meisten Überlebenden von Abstürzen hatten bei den Sicherheitshinweisen zugehört und wussten, wie sie aus dem Flugzeug gelangen konnten. Entscheiden Sie sich für einen Ausstieg, den Sie im Notfall nehmen wollen, und für einen Reserve-Ausstieg für den Fall, dass der erste Ausstieg blockiert oder unzugänglich ist.

❹ **Zählen Sie die Sitzreihen zwischen Ihnen und dem Notausstieg ab für den Fall, dass die Kabine sich mit Rauch füllt und Sie nichts mehr sehen können.**
Vergewissern Sie sich, wie die Ausstiegstüren funktionieren und wie sie bedient werden.

❺ **Öffnen Sie probehalber mehrfach Ihren Sitzgurt.** Viele Leute drücken irrtümlicherweise auf das Schloss des Sitzgurts, anstatt die Klappe nach oben zu ziehen.

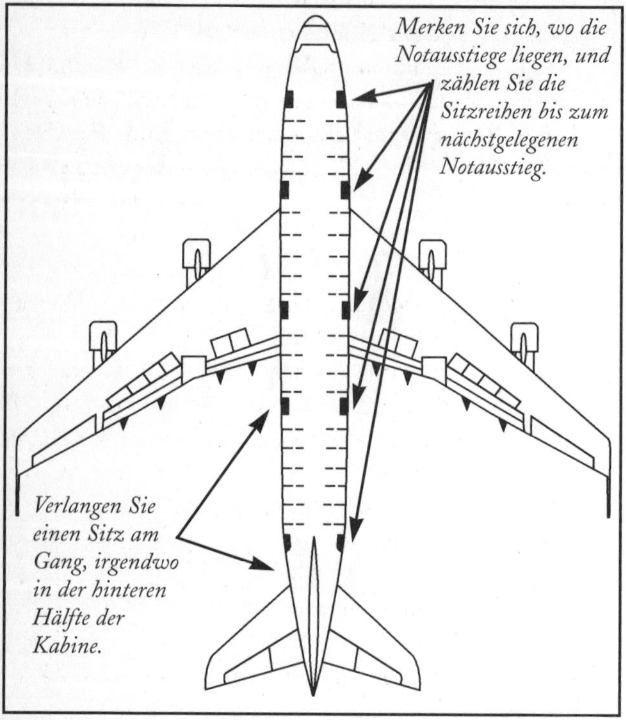

Vorbereitung auf den Aufprall

❶ **Überprüfen Sie, ob Ihr Gurt festsitzt und Ihre Rückenlehne senkrecht steht.**

❷ **Beugen Sie sich nach vorne und legen Sie einen Arm über Ihre Knie.**

❸ **Legen Sie ein Kissen in Ihren Schoß und pressen Sie mit Ihrem freien Arm den Kopf auf das Kissen.**

❹ **Bereiten Sie sich auf den Aufprall vor, indem Sie sich mit Füßen oder Beinen am vorderen Sitz abstützen.**
Befinden Sie sich über Wasser, dann lockern Sie Hemd und Krawatte, so dass Sie beim Schwimmen nicht in Ihren Bewegungen eingeschränkt sind. Bereiten Sie sich auf zwei Aufschläge vor: wenn das Flugzeug erstmals aufschlägt, und wenn die Nase ins Wasser eintaucht.

❺ **Bleiben Sie ruhig und konzentrieren Sie sich darauf, zunächst sich selbst zu helfen.**
Die überwältigende Mehrheit der Überlebenden nach einem Absturz gelangte entweder aus eigener Kraft oder mit Hilfe anderer Verunglückter aus dem Flugzeug. Feuerwehr und anderes Rettungspersonal werden in aller Regel nicht rechtzeitig eintreffen, um Sie aus dem Wrack zu holen.

❻ **Nehmen Sie nichts mit.**
Tragen Sie alle Gegenstände, von denen Sie sich unter keinen Umständen trennen wollen, immer am Körper.

❼ **Halten Sie den Kopf im Fall eines Feuers möglichst niedrig.**
Begeben Sie sich so zum Notausgang, wie in den Sicherheitshinweisen beschrieben. Lichterketten am Boden weisen die Richtung zu den Notausstiegen; in den Reihen mit einem Notausstieg befinden sich am Boden rote Leuchten.

Kapitel 2

Soziale Fähigkeiten

Verhalten während einer Rebellion

1. **Bleiben Sie im Haus, wenn Sie von einem Aufstand oder von Unruhen in der Nähe hören.**
   Meiden Sie die Fenster. Achten Sie auf Meldungen in Radio oder Fernsehen. Wenn Sie Schüsse hören, dann versuchen Sie herauszufinden, woher diese kommen. Benutzen Sie das Telefon (wenn es noch funktioniert) oder bitten Sie den Hotelmanager oder eine Amtsperson um Informationen.

2. **Planen Sie Ihre Flucht außer Landes, falls Sie die Krise für unlösbar halten oder Ihr Leben bedroht glauben.**

3. **Erkunden Sie den besten Weg zum Flughafen oder zur Botschaft Ihres Landes und verlassen Sie das Gebäude durch einen sicheren Ausgang.**
   Vergewissern Sie sich aber, ob der Flughafen noch geöffnet ist, bevor Sie dorthin fahren. Versuchen Sie, zur Botschaft eines befreundeten Landes zu gelangen, wenn die Botschaft Ihres Landes für Sie unerreichbar ist.

4. **Ziehen Sie unauffällige Kleidung in gedeckten Farben an.**
   Am besten tragen Sie ein langärmliges Hemd, eine Jacke, Jeans, einen Hut, Socken und leichte Stiefel. (Auch wenn Sie sich in einer Gegend mit heißem Klima befinden. Denn später im Flugzeug kann es recht frisch

werden, möglicherweise müssen Sie auch auf einem Flughafen schlafen, vielleicht landen Sie in einer Region mit kühlerem Wetter.)

❺ **Verlassen Sie das Haus auf derjenigen Gebäudeseite, die von der Schießerei oder dem Mob am weitesten entfernt ist.**
Wählen Sie einen Ausgang, der nicht leicht eingesehen werden kann. Dazu gehören Fenster, Lüftungsschächte oder sogar das Dach.

❻ **Fliehen Sie als Gruppe.**
Sie sind in Begleitung sicherer, vor allem, wenn Sie offenes Terrain überqueren müssen (den Platz vor dem Hotel oder breite Straßen). Heckenschützen oder sonstige Feinde sehen sich dann einer Vielzahl von Zielen gegenüber und vermeiden möglicherweise eine Konfrontation.

❼ **Rennen Sie nicht.**
Gehen Sie – außer ihr Leben ist in unmittelbarer Gefahr. Das menschliche Auge nimmt schnell bewegende Objekte blitzartig wahr, langsam gehende Menschen fallen viel weniger auf. Außerdem kann ein rennender Mensch für Unruhe sorgen – möglicherweise nimmt der Mob die Verfolgung auf.

❽ **Wenn Sie mit dem Auto unterwegs sind, stellen Sie sich auf mögliche Ausweichmanöver ein.**
Fahren Sie auf Nebenstraßen, meiden Sie Hauptstraßen und lassen Sie notfalls das Auto zurück, wenn die Situation kritisch wird. Hüten Sie sich vor Straßensperren, Kreisverkehren, wichtigen Kreuzungen und Mi-

litär- bzw. Polizeistationen. Halten Sie unter keinen Umständen an – denken Sie daran, dass ein Auto eine nützliche, tonnenschwere Waffe sein kann, die nicht einmal ein Mob aufhalten kann. Fahren Sie rückwärts, wenn nach vorn nichts mehr geht.

Ein verlässlicher, ortskundiger Fahrer wird sich viel besser durchschlagen können als Sie. Heuern Sie einen ortskundigen Einheimischen an, der Ihr Auto für Sie fährt, falls Sie keinen Fahrer und kein Taxi auftreiben können. (Möglicherweise müssen Sie ihm als Lohn Ihr Auto überlassen.) Lassen Sie das Auto außerhalb der Botschaft oder des Flughafens zurück. Geben Sie kräftig Gas, sollte Ihr Auto von einem Molotowcocktail getroffen werden. Das Feuer verlischt im Fahrtwind vielleicht von selbst.

❾ **Werden Sie doch an einer Straßensperre angehalten, so sollten Sie darauf vorbereitet sein, Ihren Weg in die Sicherheit auszuhandeln.**
Möglicherweise wird man versuchen, Ihnen Ihre gesamte Habe abzunehmen, bevor man Sie durchlässt. Bieten Sie zuerst Bargeld an, dann Wertgegenstände (Uhren, Fotoapparate, Schmuck).

❿ **Begeben Sie sich so schnell wie möglich zum Flughafen oder zu einer Botschaft.**

Achtung!

Befinden Sie sich in einer Region, in der Unruhen drohen, sollten Sie auf eine schnelle Evakuierung vorbereitet sein. Jedes Mitglied der Reisegruppe sollte eine Fluchttasche (am besten einen kleinen Rucksack) im Eingangsbereich des Hotelzimmers bereitlegen. Sie sollte Folgendes enthalten:

Fahren Sie auf Nebenstraßen, vermeiden Sie Hauptstraßen und lassen Sie notfalls das Auto zurück. Ziel ist der Flughafen oder die Botschaft eines befreundeten Landes.

Taschenlampe
Packen Sie eine kleine Taschenlampe mit Reservebatterien ein. Setzen Sie ein blaues oder rotes Glas ein, so vorhanden. Rotes oder blaues Licht kann nachts von Beobachtern (Heckenschützen, randalierenden Banden) nur schlecht gesehen werden.

Kompass und detaillierten Stadtplan
Markieren Sie die Botschaft und mögliche Hubschrauber-Landeplätze auf der Karte.

Messer
Nehmen Sie ein kleines Taschenmesser mit.

Feuerzeug
Packen Sie ein Feuerzeug oder Sturm-Streichhölzer in eine wasserdichte Tüte. Nehmen Sie außerdem kleine Tüten mit Fusseln aus dem Wäschetrockner mit – sie

wiegen wenig, brennen leicht und eignen sich daher hervorragend als Zunder.

Schwarze Mülltüten
Im Notfall sind schwarze Mülltüten Wetterschutz und Tarnung.

Nahrungsmittel
Rechnen Sie pro Person mit mindestens zwei Litern Wasser. Nehmen Sie nur kalorienreiche oder Trockennahrung mit. Essen Sie nur, wenn Sie auch zu trinken haben.

Tragen Sie folgende Gegenstände direkt am Körper (z.B. in einem Brustbeutel):

Geld
Verteilen Sie 25 US-Dollar und Ihr gesamtes einheimisches Geld auf Ihren Brustbeutel und mehrere Taschen. So können Sie im Notfall die Besatzung von Straßensperren bestechen. Tun Sie so, als hätten Sie Ihr ganzes Geld gegeben. Zeigen Sie niemals Ihre Papiere vor. Verstecken Sie den Hauptteil Ihres Geldes in Ihren Socken, der Unterhose oder in einer Geldkatze, die Sie direkt am Körper tragen.

Pass
Halten Sie eine vollständige Kopie Ihres Passes im Hauptfach des Brustbeutels bereit. Stecken Sie das Original in ein anderes Fach. Zeigen Sie jedem Einheimischen, der einen Ausweis verlangt, die Kopie. Geben Sie das Original niemals aus der Hand.

Offizielle Dokumente
Bewahren Sie Visa, Telefonnummern, Staatsangehörigkeitsnachweise, Geburtsurkunden etc. am gleichen Ort wie Ihren Pass auf.

Weiche Ohrstöpsel
Hubschrauber machen einen Höllenlärm, außerdem sind Ohrstöpsel sehr nützlich, wenn Sie in einem Kampfgebiet schlafen wollen.

Überleben als Geisel

Während einer Geiselnahme werden die Terroristen mit allen Mitteln versuchen, die Situation unter Kontrolle zu behalten. Die dafür notwendige Gewalt können sie nur ausüben, wenn sie ihre Opfer als Objekte betrachten, die man bedenkenlos misshandeln kann. Beachten Sie die folgenden Tipps, um Misshandlungen oder Schlimmerem zu entgehen.

❶ **Bewahren Sie Ruhe.**
Helfen Sie den anderen, ebenfalls ruhig zu bleiben. Bedenken Sie, dass die Geiselnehmer äußerst nervös sind und Angst haben. Tun Sie nichts, um deren Nervosität noch zu verstärken. Sprechen Sie nicht mit ihnen, außer Sie werden angesprochen.

❷ **Fallen Schüsse, dann halten Sie den Kopf unten und lassen Sie sich zu Boden fallen.**
Stellen oder hocken Sie sich hinter einen Gegenstand, wenn möglich. Bewegen Sie sich dabei aber nicht weit weg, sonst glauben die Geiselnehmer, sie wollten fliehen oder angreifen.

❸ **Vermeiden Sie jede abrupte oder verdächtige Bewegung.**
Versuchen Sie nicht, Geldbörse, Pass, Ticket oder sonstige Wertgegenstände zu verstecken.

❹ **Erfüllen Sie jede Forderung.**
Jedes Zögern von Ihrer Seite könnte Sie sofort umbringen oder Sie zum ersten Kandidaten für eine spä-

tere Hinrichtung werden lassen. Verfolgen Sie das Geschehen aufmerksam, versuchen Sie aber nicht zu fliehen oder den Helden zu spielen. Gehorchen Sie, wenn man Ihnen befiehlt, die Hände zu heben, den Kopf nach unten zu halten oder sonst eine Haltung einzunehmen. Auch wenn das unbequem ist, ändern Sie Ihre Haltung nicht eigenmächtig. Suggerieren Sie sich, dass die Position recht entspannend sei – möglicherweise müssen Sie ziemlich lange darin verharren. Stellen Sie sich geistig und emotional auf eine lange, harte Prüfung ein.

❺ **Sehen Sie die Terroristen nie direkt an. Heben Sie Ihren Kopf nur, wenn ein Terrorist Sie auffordert, zu ihm zu sprechen.**
Heben Sie Ihre Hand, falls Sie etwas sagen wollen und sprechen Sie die Geiselnehmer höflich an. Antworten Sie respektvoll, aber nicht unterwürfig, wenn Sie etwas gefragt werden. Sprechen Sie mit beherrschtem Tonfall.

❻ **Fordern Sie die Geiselnehmer nie heraus.**
Oft suchen Terroristen nach möglichen Opfern für eine Exekution; fallen Sie auf irgendeine Weise negativ auf, dann könnten Sie als Nächstes dran sein.

❼ **Beobachten Sie das Verhalten und die Eigenheiten der einzelnen Geiselnehmer genau.**
Verpassen Sie allen Terroristen im Geiste Spitznamen, um sie auseinander zu halten. Prägen Sie sich ihre Kleidung, ihren Akzent, besondere Merkmale und ihre Größe ein – möglicherweise erleichtern Sie damit später die Ermittlungen.

8 **Wurden Sie Opfer einer Flugzeugentführung, dann sehen Sie sich um, wo sich der nächstgelegene Notausstieg befindet.**
Zählen Sie die Sitzreihen zwischen sich und dem Notausstieg. Im Notfall könnte Rauch die Sicht behindern; Sie müssen den schnellsten Fluchtweg also schon vorher kennen. Starten Sie aber keinen Fluchtversuch – außer wenn ein Massaker offensichtlich unmittelbar bevorsteht.

9 **Werfen Sie sich zu Boden, wenn eine Antiterror-Einheit die Maschine stürmt, und bleiben Sie reglos liegen.**
Möglicherweise fallen Schüsse und jede plötzliche Bewegung könnte Schüsse der Terroristen oder der Sicherheitskräfte auf sich ziehen.

10 **Stellen Sie sich nach der Befreiung darauf ein, die Rettungskräfte über die eigene Identität und über die der möglichen Terroristen zu informieren.**
Einige Geiselnehmer könnten versuchen, gemeinsam mit den Opfern aus dem Flugzeug zu gelangen.

Achtung!

- Passen Sie auf Flughäfen, in Bahnhöfen, Busbahnhöfen, Lobbys von Luxushotels und -geschäften besonders gut auf. Zwar konzentrieren sich Guerillakämpfer und Bürgerkriegsparteien meistens auf Einheimische, und Touristen sind relativ sicher, doch Terroristen wählen oft Opfer, mit denen sie möglichst viel Aufmerksamkeit auf sich ziehen.
- Am liebsten nehmen Terroristen US-Amerikaner als Geiseln; falls Sie also ein Land bereisen, in dem man

nichts gegen Deutsche, Österreicher oder Schweizer hat, ist es vielleicht eine ganz gute Idee, seine Nationalität offen zur Schau zu stellen (z.B. durch eine auf dem Tagesrucksack aufgenähte kleine Flagge).

Umgang mit Korruption

❶ **Seien Sie freundlich, aber distanziert, wenn ein Beamter oder ein Soldat etwas von Ihnen verlangt.**
Zeigen Sie keine Angst oder Verärgerung. Bleiben Sie ruhig und freundlich. Versuchen Sie herauszubekommen, ob es tatsächlich ein Problem gibt oder Ihr Gegenüber nur auf eine Bestechung aus ist.

❷ **Bieten Sie niemals offen eine Bestechung an.**
Sollten Sie die Absicht des Beamten falsch gedeutet haben, können Sie sich durch einen Bestechungsversuch zusätzlichen Ärger einhandeln.

❸ **Bezichtigt man Sie, eine Ordnungswidrigkeit begangen zu haben, fragen Sie, ob Sie die Strafe vor Ort bezahlen können.**
Sagen Sie, Sie würden nur ungern das Geld der Post anvertrauen oder zu irgendeiner Dienststelle fahren. Schildern Sie Ihre Furcht, das Geld könne auf diese Weise verloren gehen. Betonen Sie, sichergehen zu wollen, dass das Geld auch an die richtige Stelle gelange.

❹ **Versuchen Sie, ausschließlich mit einem einzigen Beamten bzw. Soldaten zu verhandeln.**
Wenden Sie sich an denjenigen, der sich wie der Boss benimmt. Bieten Sie einem Untergebenen in Anwesenheit seines Vorgesetzten Geld an, dann verlangt der Vorgesetzte möglicherweise eine höhere Summe für sich selbst.

❺ **Bieten Sie eine »Spende« für die Behörde des Beamten an.**
Sagen Sie, Sie würden gerne etwas zu den Kosten für Benzin, Uniformen, Reparaturen etc. beisteuern.

❻ **Bieten Sie Wertgegenstände an, wenn Sie über kein Bargeld verfügen.**
Uhren, Fotoapparate und elektronische Geräte werden gerne als Bestechung angenommen. Selbst wenn Sie Bargeld haben, ist es unter Umständen besser, Gegenstände anzubieten, vor allem, wenn das »Problem« mit diesen Gegenständen zu tun hat. Behauptet beispielsweise ein Zollbeamter, Sie führten zu viele Flaschen Schnaps ein, beschleunigen Sie die Abfertigung und erleichtern Sie Ihr Gepäck, indem Sie dem Beamten einige der umstrittenen Flaschen anbieten.

Achtung!

- Tragen Sie nur eine geringe Geldsumme in der Geldbörse mit sich und verstecken Sie den Rest. So verhindern Sie, dass ein skrupelloser Beamter bzw. Soldat sieht, wie viel Bargeld Sie wirklich besitzen.

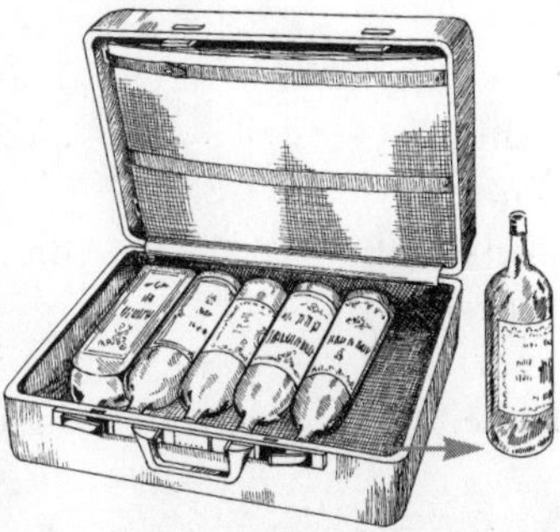

Um Schwierigkeiten am Zoll aus der Welt zu schaffen, bieten Sie dem Beamten am besten eine »Probe« der umstrittenen Ware an, zum Beispiel eine Flasche Schnaps.

Abwehr eines Trickbetrügers

Es gibt die verschiedensten Formen von Trickbetrug. Um mit Trickbetrügern fertig zu werden, müssen Sie verstehen, wie sie gewöhnlich arbeiten. Hier folgen einige der beliebtesten Tricks und Anweisungen, wie man sie durchkreuzt.

Diebstahl des Handgepäcks

So funktioniert der Trick

Zwei Komplizen warten am Metalldetektor eines Flughafens auf ihr Opfer. Dieb Nummer eins reiht sich vor Ihnen in die Schlange am Metalldetektor ein. Sie legen Ihr Bordgepäck auf das Laufband des Röntgenapparats. Plötzlich drängelt sich Dieb Nummer zwei vor. Er hat eine Menge Kleingeld und andere Metallgegenstände in seinen Taschen. Mehrfach muss er durch den Detektor gehen, weil es immer wieder piepst. Sie müssen warten, bis Dieb Nummer zwei seine Taschen völlig geleert hat. Mittlerweile hat sich Dieb Nummer eins Ihr Bordgepäck geschnappt und ist in der Menge untergetaucht. Wenn Sie endlich durch den Detektor kommen, sind sowohl Ihr Gepäck als auch die Diebe verschwunden.

So vereiteln Sie den Trick

❶ **Nehmen Sie als Bordgepäckstück eine auffällige, unverwechselbare Tasche.**

❷ **Seien Sie auf der Hut.**

Nicht in allen Ländern bilden sich geordnete Schlangen. An manchen Orten wird Drängeln und Schieben eher akzeptiert – was den Dieben die Arbeit erleichtert.

❸ **Lassen Sie Wertgegenstände nie aus den Augen.**
Behalten Sie das hintere Ende des Röntgenapparats stets im Blick.

❹ **Erlauben Sie niemandem, sich vorzudrängeln, sobald Ihr Gepäck auf dem Förderband liegt.**

❺ **Lassen Sie Ihr Gepäck nie aus den Augen. Zeigen Sie sich in dieser Hinsicht selbst gegenüber Zoll- und Sicherheitsbeamten unnachgiebig.**

❻ **Reisen Sie in einer Gruppe, dann gehen Sie nicht alle hintereinander durch die Schleuse.**
Verteilen Sie sich ein bisschen und lassen Sie den Großteil der Wertsachen beim letzten Gruppenmitglied, das durch den Detektor geht. Somit kann das erste Gruppenmitglied nach Passieren der Schleuse auf das hintere Ende des Röntgenapparats achten, bis die Wertsachen kommen.

Kreditkarten-Betrug

So funktioniert der Trick

Sie bezahlen bei einem Händler mit einem Reisescheck, und der Händler will den Pass sehen, um die Unterschriften zu vergleichen. Er behauptet, die Unterschriften seien unterschiedlich, weshalb er zur Sicherheit Pass und Kreditkarte als Identitätsnachweis kopieren müsse. Mit den so erlangten Daten belastet der Händler später unbefugt Ihre Kreditkarte.

So vereiteln Sie den Trick

1. **Unterschreiben Sie Reiseschecks nur in Anwesenheit des Händlers.**
   Dann kann er nicht behaupten, die Unterschrift sei gefälscht.

2. **Lassen Sie nie zu, dass Ihr Pass oder Ihre Kreditkarte kopiert wird.**

3. **Bezahlen Sie bar oder verlassen Sie den Laden sofort.**

Taschendiebstahl mit Hilfe von Kartonstücken

So funktioniert der Trick

Eine kleine Gruppe von Kindern (normalerweise sechs bis zehn) bittet Sie um Kleingeld. Die Kinder wuseln um Sie herum, betteln um Geld und Süßigkeiten und drücken dabei Kartonstücke an Ihren Körper. Das Geschrei lenkt Sie ab, und wegen der Kartonstücke sehen und spüren Sie nicht, wie kleine Hände Ihre Kleidung und Taschen durchsuchen. Die ganze Aktion dauert meist nur wenige Sekunden, plötzlich verschwinden die Kinder in alle möglichen Richtungen – mit Ihren Wertsachen. Selbst wenn Sie sofort merken, dass Sie bestohlen worden sind, haben Sie jedoch keine Ahnung, welches Kind Sie verfolgen müssen.

So vereiteln Sie den Trick

1. **Suchen Sie die Nähe anderer Menschen, wenn Sie allein sind und eine Gruppe bettelnder Kinder sich Ihnen nähert.**
   Betreten Sie das nächstgelegene Geschäft oder Restaurant.

❷ **Halten Sie Ihre Geldbörse fest in der Hand, wenn Sie sich nirgendwohin flüchten können.**

So kann Ihnen niemand unbemerkt die Börse stehlen. Noch besser ist es allerdings, sein Geld auf viele Taschen zu verteilen, bevor man das Haus verlässt.

❸ **Machen Sie sich so laut bemerkbar wie möglich.**

Achtung!

- In einer Geldkatze oder einem Geldgürtel bewahren Sie Ihr Geld sicherer auf als in einer Brieftasche, trotzdem können erfahrene Diebe sogar noch dort hineingelangen. Tragen Sie eine Geldkatze, sollten die Wertsachen sich immer vorne am Bauch befinden, nicht am Rücken.
- Lassen Sie Ihren Pass im Hotelsafe und haben Sie nur eine Kopie bei sich. Heften Sie ihn mit einer Sicherheitsnadel in einer Tasche fest, wenn Sie ihn doch mit sich führen müssen.

Vereitlung einer Entführung durch Aliens

❶ Keine Panik!
Der Alien könnte Ihre Angst spüren und übereilt handeln.

❷ **Kontrollieren Sie Ihre Gedanken.**
Denken Sie an nichts, was Ihre Entführer in Wut versetzen könnte, vor allem nicht an Gewalt. Möglicherweise können Aliens Ihre Gedanken lesen. Versuchen Sie, Bilder von Entführungen (Verschleppung in die Untertasse, medizinische Experimente etc.) zu unterdrücken. Solche Bilder ermutigen die Aliens vielleicht erst, Sie zu verschleppen.

❸ **Widersetzen Sie sich mit Worten.**
Sagen Sie den Aliens klipp und klar, dass Sie in Ruhe gelassen werden möchten.

❹ **Widersetzen Sie sich im Geist.**
Stellen Sie sich vor, Sie befänden sich an einem sicheren Ort oder ein Panzer aus weißem Licht umgebe Sie schützend. Möglicherweise verstehen telepathische Aliens die Message.

❺ **Widersetzen Sie sich körperlich.**
Tun Sie das aber nur, wenn Ihnen nichts anderes mehr übrig bleibt. Zielen Sie auf die Augen der Aliens (wenn sie welche haben) – welche anderen empfindlichen Körperteile sie haben, wissen Sie nicht.

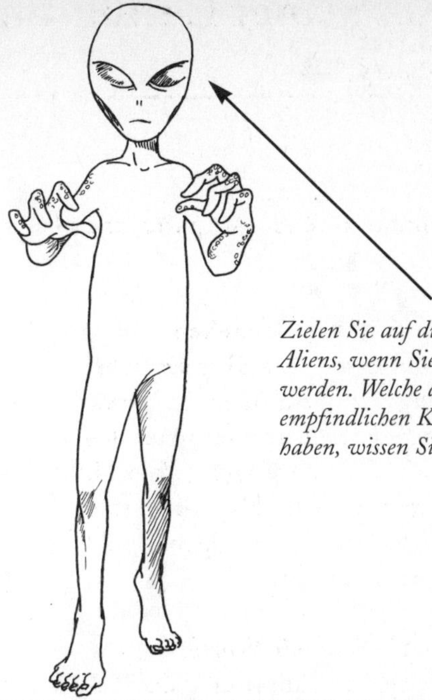

Zielen Sie auf die Augen der Aliens, wenn Sie angegriffen werden. Welche anderen empfindlichen Körperteile Aliens haben, wissen Sie nicht.

Meldung einer UFO-Sichtung

❶ **Bleiben Sie ruhig.**
Wenn Sie sich aufregen, vergessen Sie wahrscheinlich wichtige Details.

❷ **Notieren Sie genau die Zeitpunkte der ersten Sichtung, eventueller Kurswechsel und der letzten Sichtung.**
Verwenden Sie, wenn möglich, eine mechanische Stoppuhr, da die Nähe eines UFOs elektronische Geräte vielleicht stört.

❸ **Skizzieren Sie ein Schema der UFO-Flugroute auf dem Boden.**
Markieren Sie, wo Sie bei der ersten Sichtung des UFOs standen. Zeichnen Sie Linien in die Richtung, in der Sie das Objekt zuerst sahen, in denen Kurswechsel stattfanden und in die das UFO verschwand.

❹ **Versuchen Sie, markante Punkte am Horizont mit der Route des UFOs zu verknüpfen.**

❺ **Halten Sie das Phänomen in Bildern fest, falls Sie einen Fotoapparat oder eine Videokamera dabeihaben.**
Fotos und Videobilder haben an sich nur geringe Aussagekraft, deswegen müssen die Bilder unbedingt bestimmte Anhaltspunkte zeigen, also einen Baum, einen Berg oder die Silhouette einer Stadt.

❻ **Melden Sie die Sichtung schnellstmöglich.**
Zum Beispiel an die Deutschsprachige Gesellschaft für UFO-Forschung. Sie erreichen sie telefonisch unter 06 71/ 75 61 4 oder per E-Mail unter degufo@alien.de.

Achtung!

- Die meisten UFOs werden in ländlichen Gebieten gesichtet, oft in der Nähe von militärischen Anlagen. Die meisten Sichtungen werden während der Sommermonate gemeldet, gegen 21 Uhr und gegen 3 Uhr morgens.

Überleben eines Raubüberfalls

❶ **Diskutieren oder kämpfen Sie mit einem Räuber nur, wenn Ihr Leben ernsthaft bedroht ist.**
Hat der Verbrecher es nur auf Geld und andere Wertgegenstände abgesehen, geben Sie sie ihm. Es lohnt sich nicht, sein Leben für die Verteidigung einiger Wertgegenstände zu riskieren.

❷ **Greifen Sie den Verbrecher an seiner empfindlichsten Stelle an, wenn Sie sicher sind, dass er Sie oder Ihre Begleitung verletzen will.**
Versuchen Sie, den Räuber mit dem ersten Schlag außer Gefecht zu setzen, indem Sie:

- Finger in seine Augen stoßen.
- Ihr Knie von unten in seine Geschlechtsteile rammen (wenn der Räuber männlich ist).
- Seine Hoden packen und so fest wie möglich drücken (wenn der Räuber männlich ist).
- Mit der angespannten und gerade gehaltenen Handkante gegen die Vorderseite seines Halses schlagen. (Alternativ können Sie auch Daumen und Zeigefinger spreizen und mit der angespannten Fläche zwischen den zwei Fingern zuschlagen.)
- Ihren Ellbogen seitlich in seine Rippen stoßen.
- So kräftig wie möglich auf seinen Spann treten.

❸ **Benutzen Sie verfügbare Gegenstände als Waffe.**
Viele Alltagsgegenstände werden zu effektiven Waffen, wenn man mit ihnen auf verletzliche Körperteile

zielt. Ergreifen und benutzen Sie, was schnell zur Hand ist:

- Mit einem Stock, einem Schlüssel oder einer abgerissenen Autoantenne kann man nach den Augen, dem Gesicht oder den Geschlechtsteilen des Angreifers stechen.

Verfolgung eines Diebes

1. **Verändern Sie Ihr äußeres Erscheinungsbild, bevor Sie jemanden verfolgen, der Sie bestohlen hat.**
Ziehen Sie Ihre Jacke aus, falls Sie eine anhaben, ebenso Ihr Hemd, wenn Sie darunter ein T-Shirt tragen. Setzen Sie einen Hut oder eine Sonnenbrille auf bzw. ab. So vermeiden Sie, dass der Dieb Sie wiedererkennt.

2. **Starren Sie den Verfolgten niemals direkt an.**
Sie können die Person auch unauffällig beobachten. Vermeiden Sie unbedingt direkten Blickkontakt.

3. **Merken Sie sich die Äußerlichkeiten des Diebes (Kleidung, Gangart, Größe, Gewicht).**
Wenn Sie nach diesen Merkmalen Ausschau halten, können Sie den Dieb auch in einer Menschenmenge verfolgen oder ihn wiederfinden, nachdem Sie ihn aus Ihrem Blickfeld verloren haben.

4. **Bleiben Sie deutlich hinter dem Verfolgten zurück.**
Gehen Sie niemals direkt hinter der Person her, sondern halten Sie einen Abstand von mindestens zwölf Metern ein. Benutzen Sie zum Beispiel die andere Straßenseite.

5. **Folgen Sie dem Dieb nicht, wenn er einen Laden betritt.**
Bleiben Sie draußen, blicken Sie durch das Schaufenster oder warten Sie einige Häuser weiter, bis der Dieb wieder herauskommt. Überprüfen Sie, ob der Laden einen Hinterausgang hat, wenn der Verfolgte nicht wieder auftaucht.

❻ **Rufen Sie die Polizei, sobald Sie sicher sind, dass der Dieb sein endgültiges Ziel erreicht hat.**
Es ist riskant, einen Dieb alleine zu stellen. Telefonieren Sie selbst oder bitten Sie einen Ladenbesitzer, die Polizei zu rufen. Beschreiben Sie den Verfolgten und seinen Aufenthaltsort.

Achtung!

- Taschendiebe gehen oft nach dem gleichen Muster vor: Direkt nach dem Diebstahl reichen sie ihre Beute an einen Komplizen weiter, manchmal reicht der Komplize sie wiederum an einen Dritten weiter. Damit soll das Opfer verwirrt werden. Verfolgen Sie nach Möglichkeit den ursprünglichen Taschendieb. Vielleicht hat er Ihre Geldbörse schon nicht mehr, aber er führt Sie möglicherweise zu denen, die sie haben.

Abschütteln eines Verfolgers

Mit dem Auto

❶ **Vergewissern Sie sich, dass Sie auch wirklich verfolgt werden.**
Behalten Sie verdächtige Fahrzeuge im Auge. Biegen Sie drei-, viermal hintereinander ab, um zu sehen, ob ein Fahrzeug Ihnen weiterhin folgt. Wenn ja, blinken Sie in eine Richtung und biegen Sie dann schnell in eine andere ab. Beobachten Sie, ob Ihnen das Fahrzeug selbst dann noch folgt.

❷ **Fahren Sie auf eine Schnellstraße oder in ein belebtes Viertel, wenn Sie sich sicher sind, dass Sie verfolgt werden.**
Kehren Sie nicht nach Hause zurück und meiden Sie verlassene Gegenden und schmale Gassen. Je belebter die Straßen, desto besser Ihre Chance, den Verfolger abzuschütteln.

❸ **Halten Sie die Geschwindigkeitsbegrenzungen ein oder fahren Sie ein wenig langsamer als erlaubt.**
Bald wird ein unbeteiligtes Fahrzeug versuchen, Sie zu überholen. Beschleunigen Sie leicht, so dass dieses Fahrzeug direkt hinter Ihnen bleibt. Wiederholen Sie den Vorgang mehrmals, aber werden Sie nie so langsam, dass ein anderer Verkehrsteilnehmer Sie überholen kann.

❹ **Verlangsamen Sie Ihre Fahrt vor einer belebten Ampelkreuzung, und beschleunigen Sie erst im letzten Moment, wenn die Ampel gerade auf Rot schaltet.**

Möglicherweise bleibt Ihr Verfolger hinter der roten Ampel hängen. Wenn Sie wegen Fahrens bei Rot die Aufmerksamkeit der Polizei auf sich ziehen, wird der Verfolger höchstwahrscheinlich das Weite suchen.

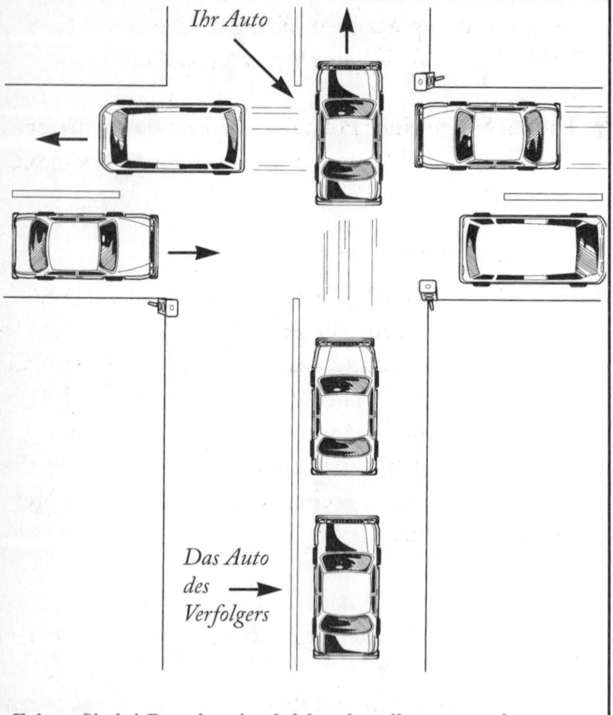

Fahren Sie bei Rot über eine belebte Ampelkreuzung, aber nur, wenn es Ihnen unbedenklich erscheint!

❺ **Sobald sich mehrere Fahrzeuge zwischen Sie und den Verfolger geschoben haben, fahren Sie schnell von der Autobahn runter (sollten Sie sich auf einer befinden) und biegen Sie mehrmals hintereinander ab, um Ihren Verfolger abzuschütteln.**

Wahrscheinlich ist der Abstand zwischen den Fahrzeugen jetzt so groß, dass Ihr Verfolger Sie aus den Augen verlieren wird.

6. **Fahren Sie in ein Parkhaus oder auf einen großen, belebten Parkplatz (z.B. eines Einkaufszentrums), sobald Sie den Verfolger abgehängt haben.**

7. **Fahren Sie zu einer Polizeiwache und bitten Sie um Hilfe, wenn Sie den Verfolger nicht abschütteln können.**

Zu Fuß

1. **Stellen Sie fest, ob Sie verfolgt werden, und identifizieren Sie Ihren möglichen Verfolger.**
   Gehen Sie kreuz und quer, wechseln Sie an Kreuzungen unvermittelt die Richtung, oder machen Sie kehrt und gehen Sie in die Richtung, aus der Sie gekommen sind. Verlieren Sie dabei aber nicht die Orientierung! Prägen Sie sich charakteristische Merkmale des Verfolgers ein (Kleidung, Gang, Größe, Gewicht).

2. **Behalten Sie ihn im Auge, schauen Sie sich aber nicht zu ihm um.**
   Nutzen Sie spiegelnde Oberflächen (z.B. Schaufenster), um hinter sich zu blicken. Benutzen Sie einen Taschenspiegel, wenn vorhanden.

3. **Bleiben Sie auf belebten Straßen.**
   Gehen Sie nicht nach Hause, in verlassene Gegenden oder in schmale Gassen.

4 Schütteln Sie Ihren Verfolger mit einer der folgenden Methoden ab:

- Betreten Sie ein Geschäft oder Restaurant und verlassen Sie es durch den Hintereingang – die meisten Restaurants haben einen Ausgang durch die Küche.
- Kaufen Sie eine Kinokarte für einen Film, der bereits begonnen hat, betreten Sie den Zuschauerraum und verlassen Sie ihn durch einen Notausgang, noch bevor Ihr Verfolger den Saal betritt.
- Besteigen oder verlassen Sie im allerletzten Moment ein öffentliches Verkehrsmittel, bevor die Türen schließen.

5 Gehen Sie zu einer Polizeiwache oder rufen Sie von einem belebten Ort die Polizei an, wenn Sie Ihren Verfolger auch mit diesen Methoden nicht abschütteln können.

Gehen Sie niemals nach Hause, solange Sie nicht sicher sind, dass niemand Sie mehr verfolgt.

Achtung!

- Wenn Sie sicher sind, dass Ihr Verfolger ungefährlich ist, können Sie ihn an einem belebten Ort auch zur Rede stellen. Sagen Sie, Sie wüssten, dass er Sie verfolge, und fragen Sie, warum. Wenden Sie aber diese Methode nur an, wenn sie spüren, dass Ihr Gegenüber ungefährlich ist.

Kapitel 3

Unterwegs

Sprung von Dach zu Dach

1. **Schauen Sie, ob Hindernisse herumliegen, falls Ihnen Zeit dafür bleibt.**
Möglicherweise müssen Sie nicht nur den Abstand zwischen den Häusern überwinden, sondern auch niedrige Mauern, Dachrinnen und andere Hindernisse.

2. **Überprüfen Sie Ihren Landeplatz auf dem gegenüberliegenden Dach.**
Vergewissern Sie sich, dass Sie genügend Platz zum Landen und Abrollen haben. Schätzen Sie, um wie viel das Dach des nächsten Gebäudes niedriger liegt (wenn es so ist). Beträgt der Höhenunterschied mehr als ein Stockwerk, riskieren Sie bei einem Sprung einen Bruch des Fußgelenks oder des Beins. Bei mehr als zwei Etagen riskieren Sie, sich das Rückgrat zu brechen.

3. **Prüfen Sie den Abstand zwischen den beiden Gebäuden.**
Die meisten Leute können nicht weiter als drei Meter springen, selbst aus vollem Lauf. Liegen die zwei Häuser weiter auseinander, riskieren Sie bei einem Sprung schreckliche Verletzungen oder den Tod. Liegt das Dach, auf das Sie springen, niedriger, werden Sie von Ihrem Schwung noch während des Falls nach vorne getragen – allerdings schaffen Sie trotzdem wahrscheinlich kaum mehr als dreieinhalb Meter. Das genügt, um eine schmale Gasse zu überspringen, jedoch keine zweispurige Straße.

4. **Wählen Sie einen Absprung- und Landeplatz.**

❺ **Laufen Sie mit Höchstgeschwindigkeit auf die Kante zu.**
Nur wenn Sie so schnell laufen wie möglich, schaffen Sie einigermaßen weite Sprünge. Sie brauchen zwölf bis achtzehn Meter Anlauf für einen Sprung von drei Metern.

❻ **Springen Sie.**
Versuchen Sie zumindest, Ihren Schwerpunkt über die Dachkante des gegenüberliegenden Hauses zu bringen. Springen Sie mit ausgestreckten Armen, bereit, sich an der Dachkante festzuklammern.

❼ **Versuchen Sie, auf den Füßen zu landen. Ziehen Sie den Kopf ein und rollen Sie seitwärts über die Schulter ab, nicht kopfüber!**
Allerdings wäre es auch ungefährlich, kopfüber abzurollen, weil Sie sich nicht schnell bewegen – versuchen Sie das Gleiche aber nicht aus einem fahrenden Auto!

Springen Sie mit ausgestreckten Armen, bereit, sich an der Dachkante festzuklammern, wenn Sie zu kurz gesprungen sind.

Sprung von einem fahrenden Zug

❶ **Gehen Sie ans Ende des letzten Waggons.**
Ist dies nicht möglich, können Sie auch vom Übergang zwischen den Waggons springen oder aus einer Waggontür, wenn sie sich öffnen lässt.

❷ **Warten Sie, bis der Zug vor einer Kurve abbremst – falls Sie genug Zeit dafür haben.**
Wenn Sie richtig springen und landen, können Sie möglicherweise auch Sprünge bei Geschwindigkeiten von über hundert Stundenkilometern überleben, doch Ihre Chancen steigen mit sinkender Geschwindigkeit des Zuges.

❸ **Stopfen Sie Decken, Kleidungsstücke oder Sitzkissen unter Ihre Kleidung.**
Ziehen Sie eine möglichst dicke oder derbe Jacke an. Polstern Sie Ihren Kopf und binden Sie die Polsterung mit einem Gürtel fest. Achten Sie aber darauf, dass Sie noch uneingeschränkt sehen können. Schützen Sie auch Knie, Ellbogen und Hüfte mit Polstern.

❹ **Wählen Sie einen Landeplatz, bevor Sie springen.**
Idealerweise sollte der Platz weich und frei von Hindernissen sein. Meiden Sie Bäume, Büsche und natürlich Felsen.

❺ **Neigen Sie sich so weit wie möglich herunter und beugen Sie die Knie, so dass Sie möglichst weit vom Waggon wegspringen können.**

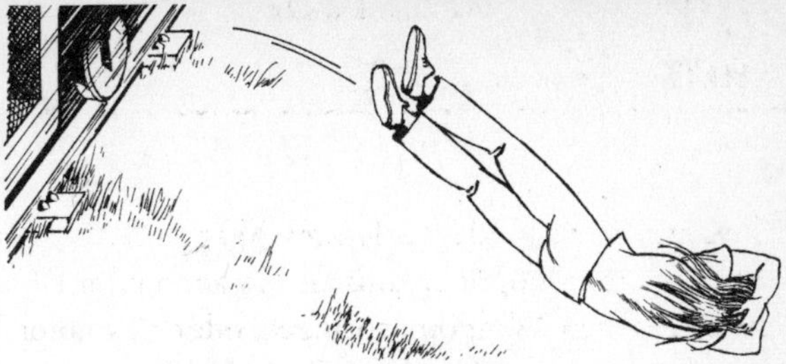

Wählen Sie einen Landeplatz und springen Sie so weit vom Waggon weg wie möglich. Schützen Sie Ihren Kopf.

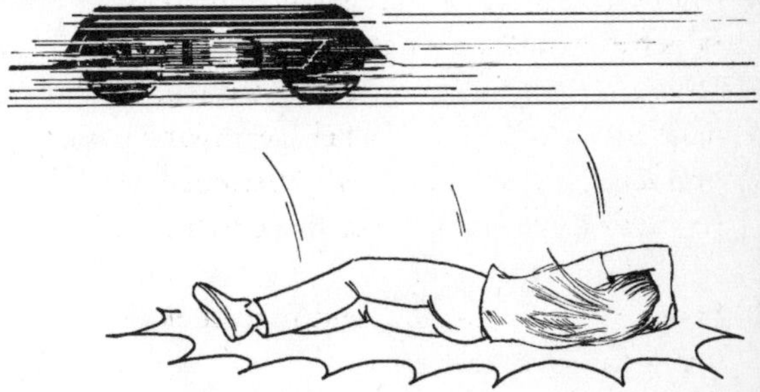

Versuchen Sie so aufzukommen, dass alle Körperteile gleichzeitig den Boden berühren.

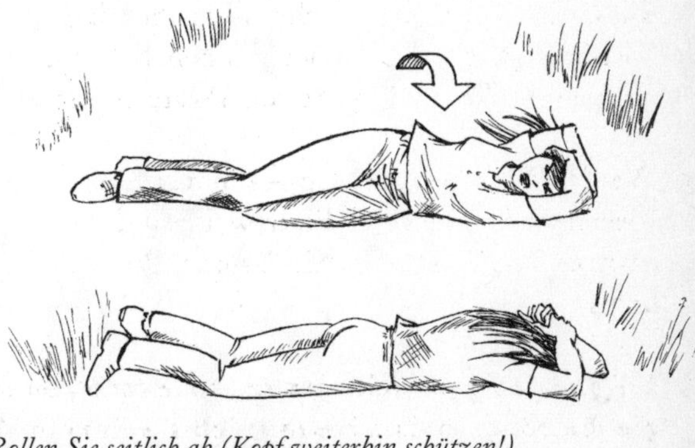

Rollen Sie seitlich ab (Kopf weiterhin schützen!).

❻ **Springen Sie im rechten Winkel vom Zug weg, so weit wie möglich.**
Tun Sie das auch, wenn Sie vom hintersten Waggon des Zugs springen. So verhindern Sie, dass Sie durch Ihren Schwung auf die Gleise oder gar unter die Räder geraten.

❼ **Bedecken und schützen Sie Ihren Kopf mit Händen und Armen und rollen Sie nach der Landung seitlich ab.**
Versuchen Sie nicht, auf den Füßen zu landen. Halten Sie den Körper waagerecht und versuchen Sie so aufzukommen, dass alle Körperteile gleichzeitig den Boden berühren. Dadurch verteilt sich die Aufprallenergie auf eine größere Fläche. Landen Sie jedoch auf den Füßen, brechen Sie sich höchstwahrscheinlich die Fußgelenke oder die Beine. Rollen Sie NICHT kopfüber wie bei einem Purzelbaum.

Entkommen aus einem Auto, das über dem Abgrund hängt

1. **Verlagern Sie Ihr Gewicht nicht und machen Sie keine ruckartigen Bewegungen.**

2. **Schätzen Sie ab, wie viel Zeit Ihnen bleibt.**
Bei den meisten Autos liegt der Motor vorne. Das bedeutet, dass ein Großteil des Gewichts auf der Vorderachse lastet. Hängt das Heck über dem Abgrund, haben Sie u.U. mehr Zeit zum Herausklettern. Wenn die Frontpartie des Autos über dem Abgrund schwebt, müssen Sie Folgendes genau einschätzen: In welchem Winkel hängt das Auto? Schwankt es? Schwankt es, wenn Sie Ihr Gewicht verlagern? Rutscht das Auto ab, müssen Sie schnell handeln.

3. **Verlassen Sie das Auto durch die Vordertüren, wenn sich diese über festem Boden befinden, egal, wie herum das Fahrzeug steht.**
Öffnen Sie die Tür vorsichtig und verlassen Sie das Auto mit langsamen Bewegungen.

4. **Klettern Sie ins Heck des Fahrzeugs, wenn die Vordertüren schon über dem Abgrund hängen.**
Gehen Sie dabei langsam und überlegt vor; springen Sie nicht, bewegen Sie sich nicht ruckartig. Stellen Sie sicher, dass Sie im Notfall ein Fenster im Heck öffnen können. Lassen Sie also die Zündung an, wenn Sie später eventuell einen Fensterheber betätigen müssen. Haben Sie im Auto einen Schraubenzieher oder ein me-

chanisches Lenkradschloss, dann nehmen Sie es mit. Möglicherweise brauchen Sie etwas, um eine Seitenscheibe einzuschlagen.

❺ **Schätzen Sie die Lage neu ein.**
Wird ein Öffnen der Hecktür das Auto zum Abrutschen bringen? Wenn nicht, öffnen Sie sie langsam und verlassen Sie rasch das Auto.

❻ **Klettern Sie durch das hintere Seitenfenster, wenn ein Öffnen der hinteren Tür das Auto zum Absturz bringen würde.**
Kurbeln bzw. lassen Sie das Seitenfenster ganz herunter. Schlagen Sie die Seitenscheibe mit einem geeigneten Instrument (s. o.) ein, wenn sie sich nicht öffnen lassen sollte. (Die Heckscheibe lässt sich nur mit größerem Kraftaufwand und dementsprechend heftigeren Bewegungen einschlagen.) Schlagen Sie in die Mitte der Scheibe – Sie können sich dabei nicht verletzen, weil sie aus Sicherheitsglas ist.

❼ **Verlassen Sie das Auto so schnell wie möglich.**

Achtung!

- Sitzen mehrere Personen im Fahrzeug, müssen die Menschen auf den Vorder- bzw. Rücksitzen die beschriebenen Schritte jeweils gleichzeitig ausführen.
- Befinden sich sowohl auf den Vorder- wie auf den Rücksitzen Personen, sollten diejenigen zuerst das Fahrzeug verlassen, die dem Abgrund am nächsten sind.

Klettern Sie langsam ins Heck des Fahrzeugs, wenn die Vordertüren schon über dem Abgrund hängen.

Befreiung aus Fesseln

Gefesselter Oberkörper

1. **Machen Sie Ihren Oberkörper so breit wie möglich, während man Sie fesselt.**
   - Atmen Sie tief ein, drücken Sie die Brust heraus und schieben Sie die Schultern nach hinten.
   - Spannen Sie die Muskeln an, über die die Fessel laufen wird.
   - Drücken Sie so fest wie möglich gegen die Fessel.

2. **Ziehen Sie Brust und Bauch ein, sobald niemand mehr auf Sie aufpasst.**

3. **Nutzen Sie den so gewonnenen Spielraum, um sich aus den Fesseln zu winden.**

Fesseln an Hand und Handgelenken

1. **Drücken Sie gegen die Fesseln und spannen Sie die Muskeln an, während Sie gefesselt werden.**

2. **Halten Sie die Handgelenke nach Möglichkeit auseinander.**

3. **Benutzen Sie ein spitzes, hervorstehendes Objekt (einen Dorn oder Haken), um die Fesseln zu lockern.** Möglicherweise können Sie den Knoten auch mit Hilfe Ihrer Zähne lösen oder aufbeißen.

4. **Befreien Sie sich, indem Sie Hände und Handgelenke**

locker lassen und dann so lange winden, bis der Strick über die Hände rutscht.

Fesseln an Beinen und Fußgelenken

❶ Drücken Sie mit Oberschenkeln, Knien, Unterschenkeln und Fußgelenken gegen den Strick, während Sie gefesselt werden.

- Drücken Sie die Fußgelenke auseinander, während man Sie an den Fußgelenken fesselt. Dies erreichen Sie, indem Sie Knie und Fußspitzen zusammenpressen.
- Drücken Sie Ober- oder Unterschenkel auseinander, während man Sie dort fesselt. Drücken Sie dafür die Fußspitzen zusammen und drehen Sie die Beine leicht nach außen.

❷ Entspannen Sie die Muskeln, sobald Sie unbeobachtet sind, und schieben Sie die Fesseln nach unten.
Benutzen Sie die Hände, um die Fesseln von den Beinen und Füßen zu bekommen. Das ist auch dann möglich, wenn die Hände gefesselt sind.

Entfernung von Knebeln

Reiben Sie Ihr Gesicht oder Ihren Kopf an einer Wand entlang, über ein Möbelstück oder irgendeinen hervorstehenden Gegenstand, um den Knebel unter Ihr Kinn rutschen zu lassen.

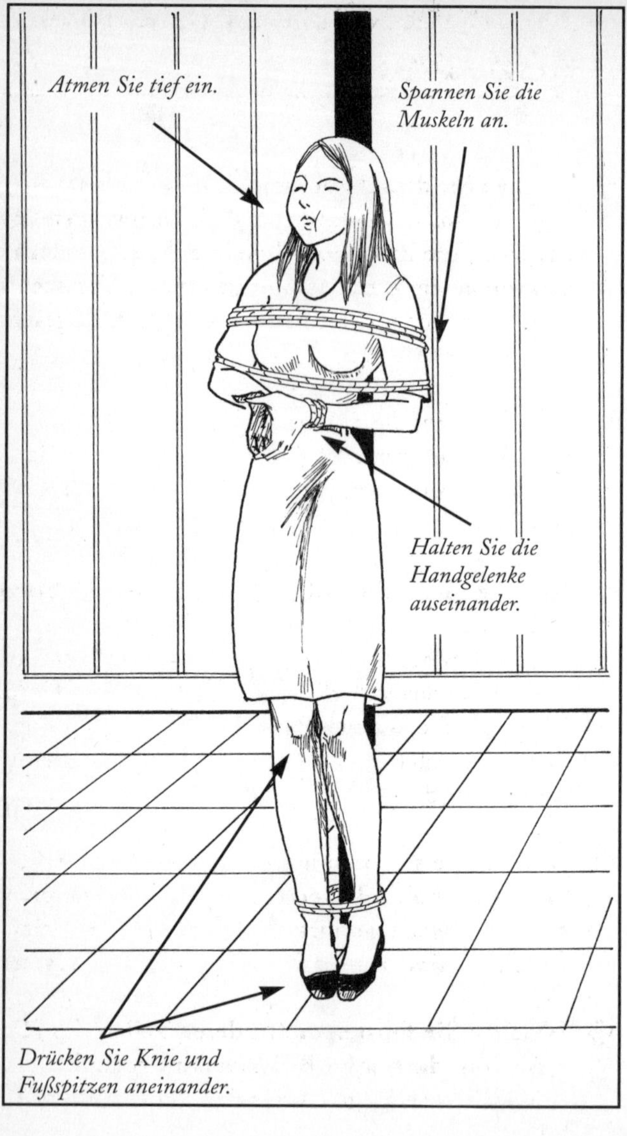
Atmen Sie tief ein.
Spannen Sie die Muskeln an.
Halten Sie die Handgelenke auseinander.
Drücken Sie Knie und Fußspitzen aneinander.

Durchbrechen eines Tores mit dem Auto

1. **Machen Sie die schwächste Stelle des Tores aus.**
   Normalerweise ist das Schloss der schwächste Punkt. Manche Tore haben jedoch kein Schloss, sondern werden von einem Elektromotor geöffnet und geschlossen. Diese Tore können mit dem Auto einfach aufgeschoben werden (siehe unten).

2. **Zielen Sie auf die Schwachstelle.**
   Rammen Sie, wenn möglich, mit dem Heck – ein Frontalaufprall kann den Motor beschädigen und das Auto lahm legen.

3. **Beschleunigen Sie auf fünfzig bis siebzig Stundenkilometer.**
   Ein zu heftiger Stoß beschädigt das Auto nur unnötig. Lassen Sie den Fuß die ganze Zeit auf dem Gaspedal. Bedenken Sie, wie viel Platz Sie zum Wenden oder Anhalten brauchen, sobald Sie durch das Hindernis gebrochen sind.

4. **Ducken Sie sich unmittelbar vor dem Aufprall, wenn Sie auf ein hohes Tor oder einen Zaun zufahren.**
   Möglicherweise zerbirst die Windschutzscheibe und Teile des Hindernisses dringen in den Innenraum.

5. **Weichen Sie Pfosten und anderen Teilen des Hindernisses aus, die fest im Boden verankert sind.**
   Diese Teile verbiegen sich u.U. und schrammen dann

über die Unterseite Ihres Autos. Dabei beschädigen sie das Auto möglicherweise so stark, dass es liegen bleibt.

6 Wiederholen Sie obige Schritte, bis Sie das Hindernis durchbrochen haben.

Zielen Sie auf die schwächste Stelle des Tores – meist am Schloss.

Elektrische Tore

Elektrisch betriebene Tore, die auf- und zuschwingen (wie man sie vor öffentlichen Gebäuden, Villen u.Ä. findet), sollten Sie nicht rammen, sondern aufdrücken. Diese Methode funktioniert fast immer und fügt Ihrem Auto nur minimalen Schaden zu. Öffnet sich das Tor in Fahrtrichtung, setzen Sie einfach die Stoßstange an das Tor und schieben. Ihr Auto wird den kleinen Elektromotor, der das Tor kontrolliert, problemlos »überwältigen«.

Entkommen aus dem Kofferraum eines Autos

❶ **Versuchen Sie nach Möglichkeit, einen Rücksitz umzuklappen.**
Obwohl sich der Hebel zum Umklappen der Sitze meistens im Innenraum des Autos befindet, können Sie vielleicht einen Sitz vom Kofferraum aus umklappen. (Sollte das unmöglich sein, versuchen Sie Schritt 2.)

❷ **Suchen Sie unter der Kofferraummatte und hinter den Verkleidungen nach einem Kabel, das zum Kofferraumschloss führt.**
Bei vielen modernen Autos lässt sich der Kofferraum vom Fahrersitz aus öffnen, indem man an einem Hebel zieht, der über ein Kabel mit dem Kofferraumschloss verbunden ist. Suchen Sie dieses Kabel unter der Bodenmatte, hinter Polstern oder Verkleidungen. Ziehen Sie daran, wenn Sie es gefunden haben. Jetzt sollte der Kofferraumdeckel aufspringen. (Funktioniert das nicht, versuchen Sie Schritt 3.)

❸ **Suchen Sie im Kofferraum nach Werkzeug.**
Viele Autos haben ein kleines Werkzeugset im Kofferraum, meist in der Nähe des Reserverads (eventuell auch darunter). Dort finden Sie vielleicht einen Schraubenzieher, ein Stemmeisen oder eine Taschenlampe. Versuchen Sie, den Kofferraumdeckel damit aufzustemmen. Biegen Sie zumindest das Blech so weit auf, dass Sie nach draußen sehen und um Hilfe schreien

können, wenn Leute vorbeikommen. (Wenn Sie kein Werkzeug finden, versuchen Sie Schritt 4.)

❹ **Entfernen Sie das Rücklicht des Fahrzeugs, indem Sie die Kabel von der Rückleuchte lösen und die Rückleuchte nach draußen treten.**
Winken oder rufen Sie durch das so entstandene Loch Passanten oder anderen Verkehrsteilnehmern zu. Diese Methode ist anzuwenden, falls das Auto fährt und Sie andere Autofahrer auf sich aufmerksam machen wollen.

Achtung!

- Kein Kofferraum schließt luftdicht, die Gefahr des Erstickens ist also gering. Atmen Sie gleichmäßig und bewahren Sie die Ruhe – Panik erhöht die Gefahr, dass Sie zu hektisch atmen und ohnmächtig werden. Bedenken Sie aber, dass die Innentemperatur eines Kofferraums an einem heißen Tag auf annähernd hundert Grad steigen kann. Handeln Sie also schnell, aber ohne Hektik.

Suchen Sie unter der Kofferraummatte oder hinter der Verkleidung ein Kabel, das mit dem Kofferraumdeckel verbunden ist. Ziehen Sie daran, um den Kofferraum zu öffnen. Funktioniert das nicht, dann durchsuchen Sie den Kofferraum nach Werkzeug, womit Sie den Deckel aufstemmen können.

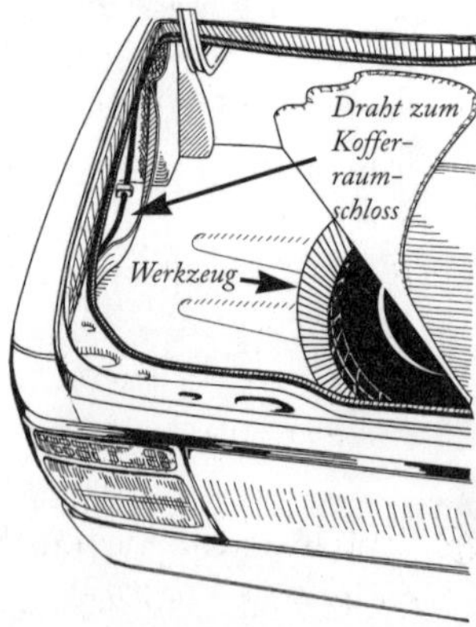

Überleben eines Sturzes auf U-Bahn-Gleise

❶ **Versuchen Sie nach einem Sturz auf U-Bahn-Gleise nicht, auf den Bahnsteig zurückzuklettern – außer Ihnen bleibt dafür genug Zeit.**
Fährt gerade ein Zug ein, müssen Sie schnell reagieren.

❷ **Vermeiden Sie Bereiche nahe des Gleises und der Tunnelwand, die mit Plastikbändern oder auffälligen Farbstreifen markiert werden.**
Diese Markierungen verraten, dass der Zug extrem nah an diesen Stellen vorbeifährt. Es bleibt also nicht genug Platz für Sie. In derart markierten Bereichen gibt es im Abstand von mehreren Metern Schutznischen. Dort sind Sie sicher – wenn Sie hineinpassen.

❸ **Verlaufen die Gleise nahe einer Wand, dann überprüfen Sie, ob zwischen Wand und Zug genug Platz für eine Person bleibt.**
Ein Raum von fünfundvierzig bis sechzig Zentimetern sollte genügen. Entfernen Sie alle Kleidungsstücke oder Taschen, die sich an einem vorbeifahrenden Zug verfangen könnten. Stehen Sie kerzengerade, ruhig und dem Zug zugewandt, der nur wenige Zentimeter von Ihnen entfernt vorbeifahren wird.

❹ **Flüchten Sie auf ein Nachbargleis – falls dort gerade kein Zug einfährt.**
Achten Sie auf Züge, die sich auf diesem Gleis nähern.

Steigen Sie über die stromführende Schiene (das »dritte Gleis«), ohne sie zu berühren. Zwar ist diese Schiene oft mit einem Isolator aus Holz oder Plastik abgedeckt, treten Sie aber dennoch nicht darauf: Der Isolator könnte unter Ihrem Gewicht brechen.

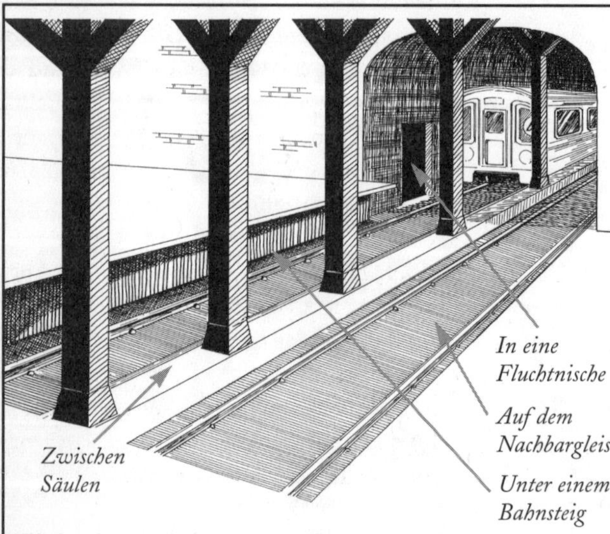

Fliehen Sie an diese Orte, wenn Sie auf die Gleise gestürzt sind.

❺ **Stellen Sie sich zwischen die Säulen, die einen Gleisstrang vom nächsten trennen (wenn vorhanden).**
Entfernen Sie alle Kleidungsstücke oder Taschen, die sich am Zug verfangen könnten, und stehen Sie gerade und still.

❻ **Schätzen Sie ab, ob unter dem Vorsprung des Bahnsteigs genug Platz für Sie ist.**
Kriechen Sie nur im äußersten Notfall dort unter, denn Bahnsteige sind alle unterschiedlich konstruiert!

Alternativen

Haben Sie keine der obigen Möglichkeiten, dann bleibt Ihnen Folgendes:

- Rennen Sie so schnell wie möglich zum vorderen Ende des Bahnsteigs, so dass ein haltender Zug hinter Ihnen zum Stehen kommt. VORSICHT: Sie brauchen bei dieser Methode viel Glück, wenn auf dem Gleis auch Expresszüge fahren, die nur an manchen Stationen halten. Wenden Sie sie also nur im äußersten Notfall an. Meist verkehren Expresszüge aber auf separaten Gleisen, die nicht direkt am Bahnsteig entlanglaufen.
- Pressen Sie sich flach in eine Mulde im Gleisbett – wenn es eine gibt, die tief genug scheint. Vielleicht kann der Zug so über Sie hinwegfahren. (Auch diese Methode sollten Sie nur im extremen Notfall anwenden, denn möglicherweise ist die Mulde nicht tief genug oder der Zug führt irgendwelche Dinge unter sich mit, die Sie erfassen und mitschleifen.)

Überleben eines Fahrstuhlabsturzes

❶ **Legen Sie sich flach auf den Boden der Aufzugkabine.** Die Experten streiten sich zwar in dieser Frage, die Mehrheit empfiehlt jedoch diese Methode. Denn so verteilt sich die Wucht des Aufpralls auf die größtmögliche Fläche, anstatt nur auf einzelne Körperteile zu wirken. (Es würde Ihnen wahrscheinlich sowieso schwer fallen, in einem abstürzenden Lift auf den Beinen zu bleiben.) Legen Sie sich in die Mitte der Kabine.

Legen Sie sich flach in die Mitte des Aufzugs und bedecken Sie den Kopf schützend mit den Armen.

2. **Bedecken Sie Gesicht und Kopf, um sich vor herabbrechenden Deckenteilen zu schützen.**

Achtung!

- Hydraulikaufzüge stürzen mit größerer Wahrscheinlichkeit ab als Seilaufzüge. Sie werden von einem gigantischen Kolben nach oben gehoben, wie ein Auto von einem Wagenheber. Da die Hebevorrichtung Abnutzung und Korrosion unterliegt, kann sie mit der Zeit kaputtgehen und die Kabine abstürzen lassen.
- Fahrstühle verfügen über zahlreiche Sicherheitseinrichtungen. Bisher wurden nur wenige Unfälle mit Todesfolge verzeichnet. Generell ist es äußerst unwahrscheinlich, dass ein kabelgezogener Aufzug bis auf den Boden des Fahrstuhlschachts fällt. Darüber hinaus dämpfen die durch den Absturz zusammengedrückte Luft im Aufzugschacht und die Pufferelemente am Boden des Schachts den Aufprall. Damit erhöht sich die Überlebenswahrscheinlichkeit.
- Vergessen Sie die Idee, im letzten Augenblick, unmittelbar vor dem Aufprall, in die Höhe zu springen. Erstens haben Sie nur eine verschwindend geringe Chance, Ihren Sprung genau richtig zu timen. Und zweitens bleibt die Aufzugkabine im Moment des Aufpralls nicht intakt – sie wird wahrscheinlich über Ihnen zusammenbrechen und Sie zermalmen, wenn Sie gerade mitten im Sprung sind oder aufrecht stehen.

Kapitel 4

In freier Wildbahn

Überleben im Dschungel

Suche nach Zivilisation

❶ **Suchen Sie nach einem Fluss.**
In der Regel führen Tierspuren zum Wasser. Wasserläufe sind im Dschungel der Schlüssel zur Orientierung und bieten in der Regel auch die beste Möglichkeit, schnell voranzukommen.

❷ **Bauen Sie aus starken Ästen und Kletterpflanzen ein Behelfsfloß** (Anleitung auf S. 95).

❸ **Lassen Sie sich von der Strömung flussabwärts treiben.**

❹ **Befahren Sie Flüsse nur bei Tageslicht.**
Alligatoren und Krokodile gehen im Allgemeinen nachts auf Beutejagd. Meiden Sie deshalb nachts das Wasser.

❺ **Halten Sie beständig Ausschau nach Dörfern und Ansiedlungen.**
Im Dschungel liegen viele Siedlungen und Dörfer am Ufer von Flüssen.

Beschaffung von Nahrung und Wasser

❶ **Bereiten Sie das Flusswasser auf wie im Kapitel *Aufbereitung von Wasser* beschrieben. Alternativ können Sie auch Stücke von großen Schlingpflanzen im Wasser abschneiden oder Bananenstauden kappen und das trinkbare Wasser auffangen.**
Trinken Sie nur dann unaufbereitetes Wasser aus Bächen

So bauen Sie ein Floß:

Sie benötigen zwei Planen oder Ponchos, grünes Buschwerk, zwei starke Äste und Seile bzw. Schlingpflanzen.

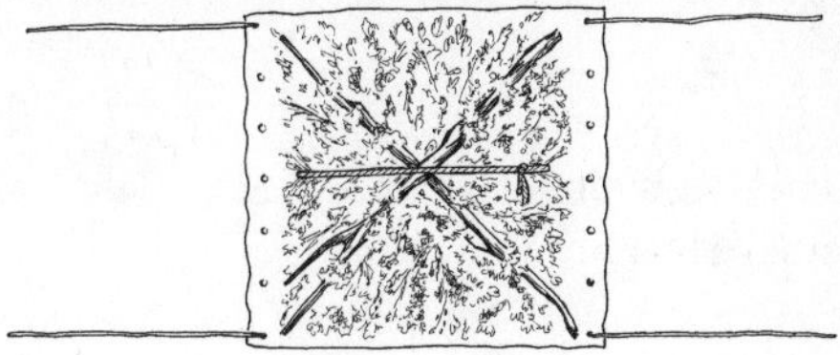

Befestigen Sie ein Seil an jeder Ecke der Plane. Bedecken Sie die ganze Fläche 50 Zentimeter hoch mit grünem Buschwerk. Legen Sie die zwei starken Äste x-förmig über das Buschwerk.

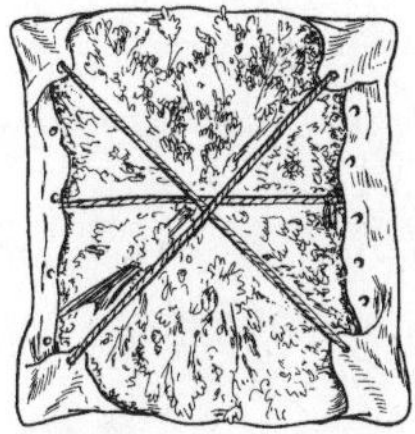

Legen Sie 50 Zentimeter hoch Buschwerk auf das X.
Drücken Sie das Buschwerk zusammen. Ziehen Sie die Plane fest um das Buschwerk und verknoten Sie die Seile diagonal.

Breiten Sie die zweite Plane auf dem Boden aus. Legen Sie die mit Buschwerk ausgestopfte Plane mit der Öffnung nach unten auf die zweite Plane. Schlagen Sie die Ecken der unteren Plane über die obere Plane und verknoten Sie die Ecken fest miteinander. Die Seite mit den Seilen ist die Oberseite des Floßes.

und Flüssen, wenn Ihnen nichts anderes mehr übrig bleibt, Sie am Verdursten sind. Höchstwahrscheinlich bekommen Sie von dem unreinen Wasser Durchfall, erhöhen Sie also Ihren Wasserkonsum, um Dehydrierung vorzubeugen. Bleiben Sie in Bewegung.

❷ **Essen Sie nichts, was Sie nicht schälen oder kochen können.**
Vermeiden Sie grell gefärbte Pflanzen und mit einem milchigen Saft (solche Pflanzen sind oft giftig).

Insekten, Maden und rohen Fisch (außer Fisch mit Borsten oder Stacheln statt Schuppen) kann man bedenkenlos essen. Maden und Insekten finden Sie unter vermodernden Baumstämmen und Pflanzen. Entfernen Sie den Kopf der Tiere und schlucken Sie sie roh. Schälen Sie Früchte sorgfältig, bevor Sie sie essen; in den Schalen könnten sich Bakterien eingenistet haben, die Durchfall verursachen.

Zu Fuß unterwegs

- Markieren Sie Ihren Weg, indem Sie Zweige von lebenden Pflanzen abbrechen und verkehrt herum auf den Boden legen. Jetzt sieht man die helle Unterseite der Blätter; so hinterlassen Sie einen deutlich sichtbaren Pfad, den Sie wiederfinden, wenn Sie umkehren müssen.
- Suchen Sie bei schlechtem Wetter einen Unterschlupf, zum Beispiel einen großen hohlen Baumstumpf. Bedecken Sie den Boden mit Palmwedeln und stellen Sie einige weitere Palmwedel vor die Öffnung. Suchen Sie während eines Gewitters nie in oder unter einem hohen Baum Zuflucht – Sie könnten vom Blitz getroffen werden!

- Stellen Sie sich auf die Gefahren des Dschungels ein. Die meisten größeren Tiere des Dschungels (zum Beispiel Großkatzen und Schlangen) wollen Ihnen ebenso aus dem Weg gehen wie Sie ihnen. Die wahre Gefahr für Sie geht von den kleinsten Lebewesen aus: von Skorpionen, Ameisen, Mücken sowie Bakterien in Wasser und Früchten. Vor Stichen und Bissen schützen Sie sich am besten, indem Sie genau darauf achten, wohin Sie Hände und Füße setzen. Ameisen sind die Herren des Dschungels, also kampieren Sie nicht auf ihren Straßen oder in der Nähe von Ameisenhaufen. Finger weg von auffällig gefärbten Amphibien! Viele dieser Tiere schützen sich mit einem hoch wirksamen Hautgift, zum Beispiel der Giftpfeilfrosch. Jeder Kontakt damit kann Sie sehr krank machen.

Achtung!

- Nehmen Sie sich die Zeit und studieren Sie die verfügbaren Landkarten, bevor Sie in ein abgelegenes Gebiet reisen. Prägen Sie sich die Topographie der Region und den ungefähren Verlauf von Straßen und Wasserläufen ein. So wissen Sie später, in welche Großrichtung Sie sich halten müssen, um eine Straße oder einen Wasserlauf – und damit über kurz oder lang die Zivilisation – zu erreichen.
- Das Blätterdach des Dschungels kann die Sonne vollständig verdecken; möglicherweise ist ein Kompass die einzige Möglichkeit für Sie, die Himmelsrichtungen zu bestimmen. Das dichte Blätterdach verhindert auch, dass Rettungskräfte Sie finden – selbst abgestürzte Flugzeuge verschwinden mitunter spurlos. Deswegen gilt im Dschungel auch eine andere Regel als in der übrigen Wildnis: Bleiben Sie immer in Bewegung,

auch wenn Sie sich verirrt haben. Fest an einem Ort zu bleiben bedeutet praktisch den sicheren Tod.

- Das Material von Termitenbauten eignet sich als Mückenschutzmittel. Termitenbauten sehen aus wie bizarr geformte Lehmhaufen, sind so groß wie 250-Liter-Fässer und finden sich in großer Zahl am Boden oder auf Bäumen. Brechen Sie etwas von den Bauten ab (das Material sieht aus wie Lehm, ist aber verdautes Holz) und schmieren Sie sich das Material auf die Haut.

Orientierung ohne Kompass

Die Stock- und Schattenmethode

Beachten Sie, dass diese Methode umso ungenauer wird, je näher Sie sich am Äquator befinden.

Sie brauchen:
Eine Analog-Uhr
Einen 15 Zentimeter langen Stock

Auf der Nordhalbkugel

❶ **Stecken Sie ein Stöckchen senkrecht in den Boden, so dass es einen Schatten wirft.**

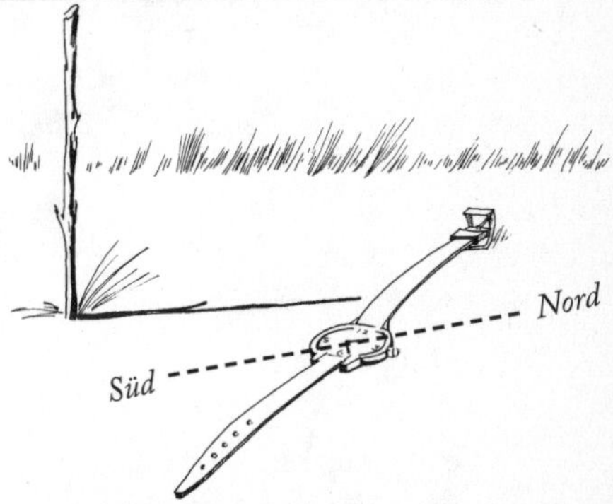

Auf der Nordhalbkugel: Legen Sie die Armbanduhr so auf den Boden, dass der Stundenzeiger parallel zu dem Schatten des Stocks liegt. Auf der Südhalbkugel: Drehen Sie die Uhr so, dass die 12 in die Richtung zeigt, in die der Schatten weist.

❷ **Legen Sie die Armbanduhr so auf den Boden, dass der Stundenzeiger parallel zum Schatten des Stocks liegt.**

❸ **Ermitteln Sie die Mitte des Winkels, der zwischen dem Stundenzeiger und der Stellung des Zeigers um 12 Uhr liegt.**
Ist die Uhr auf Sommerzeit gestellt (in Deutschland zwischen März und Oktober), müssen Sie die Winkelhalbierende zwischen Stundenzeiger und der Stellung des Zeigers um 13 Uhr ermitteln.

❹ **Diese Winkelhalbierende zeigt die Nord-Süd-Linie an.**
Die Sonne liegt in südlicher Richtung (aber nur mittags genau im Süden!).

Auf der Südhalbkugel

Legen Sie Ihre Uhr so auf den Boden, dass der Stundenzeiger um 12 Uhr parallel zum Schatten liegen würde. Ermitteln Sie dann die Winkelhalbierende zwischen dem Stundenzeiger und der Stellung des Stundenzeigers um 12 Uhr. Sie zeigt Ihnen die Nord-Süd-Linie an. Die Sonne liegt in nördlicher Richtung.

Orientierung am Sternenhimmel

Auf der Nordhalbkugel

Suchen Sie den Polarstern; er zeigt die Nordrichtung an.
Der Polarstern ist der letzte Stern in der Deichsel des Kleinen Wagens. Wenn Sie auf ihn zugehen, bewegen Sie sich nach Norden. Orientieren Sie sich am Großen Wagen, um den Polarstern zu finden. Wenn Sie die Verbindungslinie zwischen den hintersten zwei Sternen des Großen Wagens gedanklich um das Fünffache verlängern, gelangen Sie direkt zum Polarstern.

Auf der Südhalbkugel
Suchen Sie das Kreuz des Südens.
Dies ist eine Gruppe von vier hellen Sternen, die aussieht wie ein zur Seite geneigtes Kreuz. Verlängern Sie die Hauptachse des Kreuzes im Geiste um das Fünffache nach unten. Dort, wo diese imaginäre Linie endet, liegt Süden. Gehen Sie von dort senkrecht nach unten zum Horizont, und suchen Sie nach einem Orientierungspunkt in der Landschaft, an dem Sie sich die Südrichtung merken können.

Die Wolkenmethode

Beobachten Sie die Wolken und stellen Sie fest, in welche Richtung sie ziehen.
In der Regel kommt das Wetter aus dem Westen. Obwohl diese Regel in Bergregionen nicht unbedingt stimmt, ist sie doch als Faustregel recht brauchbar.

Die Moosmethode

Suchen Sie nach Moos.
Moos wächst an schattigen, feuchten Orten. Auf der Nordhalbkugel sind die Nordseiten von Baumstämmen tendenziell schattiger und feuchter als die Südseiten (weil sie niemals Sonne bekommen), deswegen wächst Moos normalerweise an den Nordseiten von Bäumen. Diese Methode ist allerdings nicht unfehlbar: In vielen Wäldern können alle Seiten eines Baumes schattig und feucht sein.

Herausklettern aus einem Brunnen

Brunnen mit engem Schacht

Verwenden Sie die Stemmtechnik, wenn der Schacht so eng ist, dass Ihre Beine die gegenüberliegende Wand berühren können, und Ihr Rücken an die andere Brunnenwand gedrückt wird.

❶ **Drücken Sie Ihren Rücken an eine Schachtwand und stemmen Sie Ihre Beine gegen die gegenüberliegende Wand.**
Ihr Körper befindet sich in L-Form: Ihr Rücken steht aufrecht an der Wand, die Beine sind nach vorne gestreckt. Die Fußsohlen pressen gegen die gegenüberliegende Wand. Drücken Sie Ihren Rücken gegen die niedriger liegende Wand, wenn der Schacht nicht genau senkrecht verläuft.

❷ **Üben Sie aus den Hüften heraus gleichmäßigen Druck aus, so dass Füße und Rücken guten Halt finden. Sie berühren den Boden jetzt nicht mehr.**

❸ **Legen Sie Ihre Handflächen hinter sich an die Wand, unter den Hintern.**

❹ **Nehmen Sie den rechten Fuß von der gegenüberliegenden Wand und setzen Sie ihn unter Ihren Hintern.**
Winkeln Sie Ihr Bein so unter sich an, dass Ihr linker

Fuß sich an einer Wand befindet und der rechte an der anderen.

❺ **Drücken Sie mit den Händen den Rücken von der Wand weg und schieben Sie gleichzeitig Ihren Körper mit Armen und Beinen etwa zwanzig Zentimeter nach oben.**

❻ **Drücken Sie Ihren Rücken wieder gegen die Wand und bewegen Sie den rechten Fuß zurück an die gegenüberliegende Wand. Setzen Sie ihn ein wenig oberhalb des linken Fußes.**
Ruhen Sie sich aus.

❼ **Wiederholen Sie den Vorgang, diesmal mit dem linken Fuß.**
Wechseln Sie zwischen linkem und rechtem Fuß ab und bahnen Sie sich langsam den Weg nach oben.

❽ **Wenn Sie den Brunnenrand erreichen, greifen Sie mit einer Hand über den Rand und ziehen Sie sich nach oben, bis Sie sich am Rand mit beiden Armen aufstützen können.**
Ziehen Sie sich aus hängender Position halb nach oben und verlagern Sie Ihr Gewicht auf die Unterarme, sobald diese sich über dem Brunnenrand befinden. Verlagern Sie Ihr Gewicht dann auf Ihre Hände und stemmen Sie sich hoch. Versuchen Sie, an der Brunnenwand mit den Füßen Halt zu finden und drücken Sie sich mit Armen und Beinen nach oben aus dem Brunnen heraus.

Klettern aus einem Brunnen mit engem Schacht:
Drücken Sie Ihren Rücken gegen den Schacht und stemmen Sie Arme und Beine gegen die gegenüberliegende Wand.

Nehmen Sie einen Fuß von der gegenüberliegenden Wand und setzen Sie ihn unter Ihren Hintern.

Üben Sie mit den Beinen gleichmäßigen Druck aus, um den Halt nicht zu verlieren, und legen Sie Ihre Hände unter Ihren Hintern.

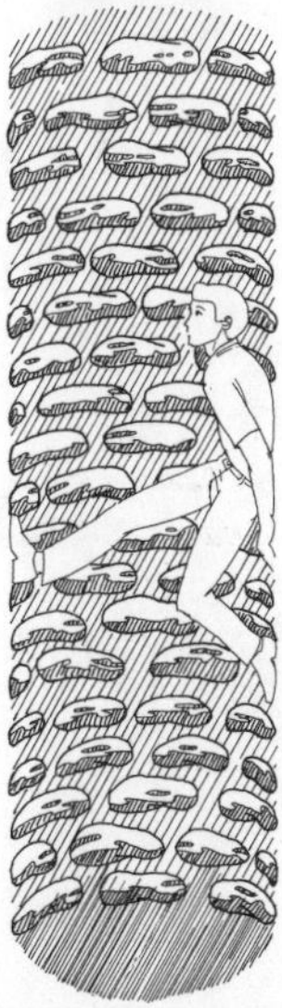

Schieben Sie sich mit beiden Händen nach oben. Wiederholen Sie diese Schritte so oft wie nötig.

Brunnen mit breitem Schacht

Benutzen Sie die Spreiztechnik, wenn der Schacht zu breit für die oben beschriebene Stemmtechnik ist, aber eng genug ist, dass Sie mit den Händen gegenüberliegende Wände erreichen können.

❶ **Setzen Sie die rechte Hand und den rechten Fuß an eine Wand, die linke Hand und den linken Fuß an die gegenüberliegende Wand.**
Ihre Hände sollten dabei unterhalb Ihrer Schultern platziert sein, die Finger zeigen nach unten.

❷ **Spreizen Sie die Beine scherenartig gegen die Schachtwände und wenden Sie den Körper leicht nach rechts.**

❸ **Klemmen Sie sich fest, indem Sie mit den Händen nach außen drücken.**

❹ **Ziehen Sie schnell erst den einen Fuß um einige Zentimeter nach oben, dann den anderen.**

❺ **Machen Sie weiter, bis Sie den Brunnenrand erreicht haben. Halten Sie sich dort an einem stabilen Gegenstand fest und schwingen Sie sich über den Rand.**
Können Sie sich nicht festhalten, so fahren Sie mit der oben beschriebenen Technik fort, bis Ihr Oberkörper über die Schachtöffnung herausragt. Lassen Sie sich dann nach vorne kippen, fassen Sie den Brunnenrand und stemmen Sie den Oberkörper über den Rand.

Umgehen von Minenfeldern

❶ Immer auf die Füße sehen.

❷ Gehen Sie keinen Schritt weiter nach vorn.

❸ Achten Sie auf hervorstehende Dorne, Zünder, Drähte, leichte Erhebungen oder Verfärbungen des Bodens.

❹ Gehen Sie langsam in Ihren eigenen Fußstapfen zurück und vermeiden Sie, auf hervorstehende Dorne, Zünder, Drähte, leichte Erhebungen oder verfärbte Bodenstücke zu treten.
Wenden Sie nicht. Gehen Sie rückwärts.

❺ Halten Sie an, wenn Sie sicher sind, außer Gefahr zu sein.

Erkennen und Umgehen von Minenfeldern

Am einfachsten umgehen Sie Minenfelder, indem Sie Regionen meiden, in denen Minen verlegt wurden, zum Beispiel ehemalige Kriegsgebiete. Befolgen Sie folgende Tipps, wenn eine Reise dorthin unvermeidlich ist:

- Erkundigen Sie sich bei den Einheimischen.
  Minenräumer, ortsansässige Frauen und Kinder sind (in dieser Reihenfolge) die besten Informationsquellen über Gefahrengebiete.
- Achten Sie auf Tiere.
  Grasende Tiere sind oft »Minenräumer«. Falls Sie also zahlreiche verstümmelte Tiere auf einem Feld sehen, das von Menschen gemieden wird, haben Sie

es möglicherweise mit vermintem Gelände zu tun.

- Beobachten Sie das Verhalten der Ortsansässigen.
  Meiden Einheimische scheinbar hervorragende Wege, dann hat das wahrscheinlich einen guten Grund. Benutzen Sie ausschließlich Wege, die auch von Einheimischen begangen werden. Bewegen Sie sich in einem Gefahrengebiet niemals allein.
- Halten Sie Ausschau nach frisch aufgeworfener Erde.
  Frisch aufgeworfene Erde oder Verfärbungen des Bodens weisen manchmal auf hastig verlegte Minen hin.
- Achten Sie auf Drähte, die über Wege gespannt sind.
  Über Wege gespannte Stolperdrähte zeugen von Minen oder anderen Sprengstoffen.
- Halten Sie nach jüngst zerstörten Fahrzeugen auf oder unmittelbar neben der Straße Ausschau.
  Sie erkennen eine frisch detonierte Mine an brennenden oder rauchenden Fahrzeugen und an Kratern im Boden. Nehmen Sie niemals an, der Weg sei frei, nur weil eine Mine bereits detoniert ist.
- Meiden Sie Unterholz sowie überwucherte Felder und Pfade.
  Dort wissen Sie nie, ob Minen bereits geräumt wurden; außerdem können Sie sich dort leichter verirren.

Achtung!

- Viele Minen bleiben unbegrenzt lange scharf. Lassen Sie sich in einer Region, in der Minen verlegt wurden, unbedingt führen!
- Es gibt vier Grundtypen von Minen:
  Stolperdraht-Minen: Ein über den Weg gespannter Draht ist mit dem Auslöser der Mine verbunden.

Tretminen: Ein druckempfindlicher Auslöser wird aktiviert, wenn jemand darauf tritt.

Minen mit Zeitzünder: Als Zeitzünder kann eine Uhr, eine Chemikalie oder eine mechanische Vorrichtung eingesetzt werden.

Ferngesteuerte Minen: Diese Sprengsätze können über Draht, über Funk oder durch einen Hitze- bzw. Geräuschsensor ausgelöst werden.

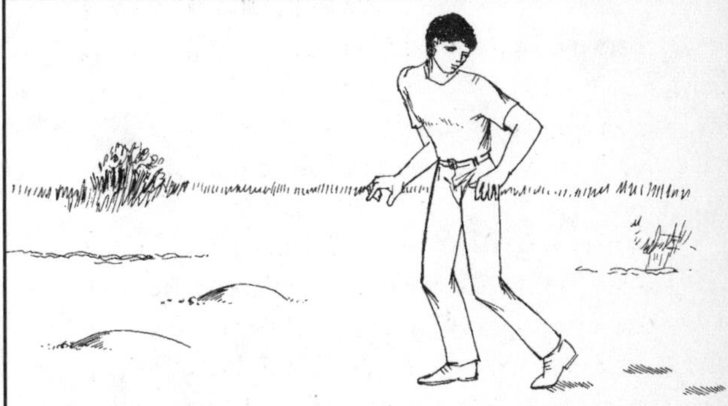

Bleiben Sie sofort stehen, wenn Sie die Gefahr bemerken. Gehen Sie langsam in Ihren eigenen Fußspuren zurück.

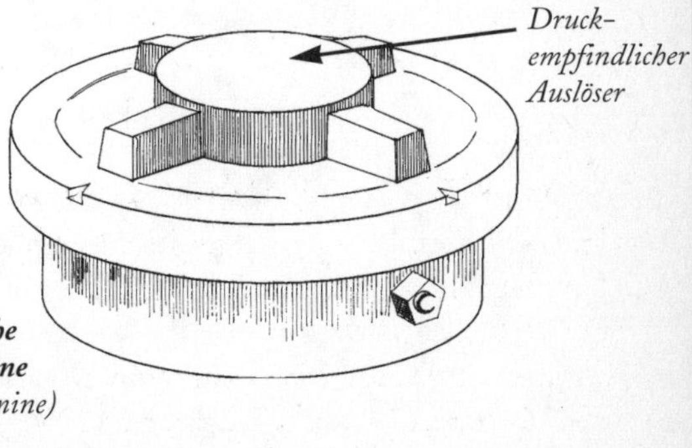

Typische Tretmine
(Landmine)

Überleben in einer Kabbelung

Kabbelungen sind lange, schmale Wasserstreifen, in denen alle Gegenstände schnell vom Ufer ins offene Meer hinausgezerrt werden. Sie sind zwar gefährlich, aber man kann ihnen relativ leicht entkommen.

❶ **Kämpfen Sie nicht gegen die Strömung.**
Die meisten Opfer von Kabbelungen ertrinken, weil sie im Kampf gegen die Strömung ermüden und es dann nicht mehr zurück an den Strand schaffen.

❷ **Schwimmen Sie nicht Richtung Strand.**
Das hieße, gegen die Strömung zu kämpfen, und diesen Kampf verlieren Sie.

❸ **Schwimmen Sie parallel zum Strand, quer zur Strömung.**
In der Regel sind Kabbelungs-Zonen weniger als dreißig Meter breit, so dass es kein Problem sein sollte, sie zu umschwimmen.

❹ **Drehen Sie sich auf den Rücken und lassen Sie sich von der Strömung vom Land wegtreiben, wenn Sie dem Bereich der Kabbelung nicht entkommen können. Die Strömung hört bald von selbst auf.**
Normalerweise endet der Einflussbereich der Kabbelung fünfzig bis hundert Meter vom Ufer entfernt.

❺ **Lässt die Kabbelung allmählich nach, dann schwim-**

men Sie eine kurze Strecke zur Seite und zurück zum Strand.

Schwimmen Sie so weit parallel zum Strand, bis Sie nicht mehr im Sog der Kabbelung sind.

Achtung!

- Bei starken Winden kommt es vermehrt zu Kabbelungen.
- Sie erkennen Kabbelungen an Streifen schlammigen oder sandigen Wassers und an Treibgut, das durch die Brandungszone aufs Meer hinaustreibt. Weitere Anzeichen sind senkrecht zur Küstenlinie verlaufende Gräben im Strand und Streifen von niedrigeren Wellen in der Brandungszone.

Überleben eines Einbruchs ins Eis

❶ **Atmen Sie gleichmäßig.**
Ein plötzlicher Sturz in eiskaltes Wasser wird ein ziemlicher Schock sein. Versuchen Sie trotzdem, ruhig zu bleiben.

❷ **Drehen Sie sich in die Richtung, aus der Sie gekommen sind.**
Höchstwahrscheinlich sind Sie aus dem Bereich mit dem stärksten Eis gekommen.

❸ **Drücken Sie sich mit den Ellbogen am Rand des Loches hoch.**
Verlassen Sie das Loch noch nicht. Bleiben Sie in dieser Position und lassen Sie so viel Wasser wie möglich aus Ihrer Kleidung abfließen.

Greifen Sie so weit wie möglich in Richtung festes Eis. Bohren Sie einen Schlüssel oder einen ähnlichen Gegenstand ins Eis, um mehr Halt zu bekommen. Bewegen Sie unter Wasser die Beine hin und her, während Sie sich aus dem Loch ziehen.

❹ **Greifen Sie so weit wie möglich auf festeres Eis.**
Verwenden Sie irgendeinen geeigneten Gegenstand –

Autoschlüssel, Kamm, Bürste oder Ähnliches –, um sich auf dem Eis besseren Halt zu verschaffen.

❺ **Machen Sie mit den Beinen Schwimmbewegungen, während Sie sich aus dem Loch herausziehen.**

❻ **Stehen Sie nicht sofort auf, wenn Sie wieder auf der Eisoberfläche sind.**
Bleiben Sie flach liegen und rollen Sie vom Loch weg. So verteilen Sie Ihr Gewicht auf eine größere Fläche, was wiederum die Wahrscheinlichkeit verringert, dass Sie erneut einbrechen.

Überleben in kaltem Wasser

❶ **Versuchen Sie nicht zu schwimmen, außer Rettung ist in unmittelbarer Nähe.**
Selbst ein guter Schwimmer hat nur eine 50-50-Chance, in zehn Grad kaltem Wasser eine Strecke von 50 Metern zu bewältigen. Schwimmen Sie daher nur, wenn Sie mit wenigen Zügen ein Boot, ein Ersatzfloß oder Land erreichen können. (Das Schwimmen bewirkt, dass kaltes Wasser über die Haut strömt und sie sehr schnell auskühlt. Kaltes Wasser entzieht dem Körper fünfundzwanzigmal schneller Wärme als Luft der gleichen Temperatur; jede Wassertemperatur unter 21 Grad kann zu gefährlicher Unterkühlung (Hypothermie) führen.

❷ **Wenn Sie alleine sind und eine Schwimmweste tragen, nehmen Sie die wärmesparendste Körperhaltung ein.**
Überkreuzen Sie die Fußgelenke, ziehen Sie die Knie an die Brust und verschränken Sie die Arme über der Brust. Ihre Hände sollten hoch auf Ihrer Brust oder am Hals liegen, damit sie warm bleiben. Ziehen Sie keine Kleidung aus. Die Kleidung wird Sie nicht nach unten ziehen, sondern wie ein Neoprenanzug warmes Wasser an Ihrer Haut zurückhalten. Mit dieser Haltung vermindern Sie den Wärmeverlust um bis zu 50 Prozent.

❸ **Sammeln Sie sich in Gruppen, wenn sich mehrere Menschen (mit Schwimmwesten) im Wasser befinden.**
Jeweils zwei bis vier Leute sollten sich nahe aneinander drücken, Brust an Brust. Kleinere können wie in einem

Sandwich von größeren Gruppenmitgliedern in die Mitte genommen werden. Mit dieser Stellung tauschen Sie Körperwärme aus – und außerdem werden Gruppen von Rettungskräften eher gesichtet als Einzelne.

4. **Bewegen Sie sich so wenig wie möglich.**
Je schneller das Herz schlägt, desto schneller kühlt der Körper aus. Versuchen Sie, normal zu atmen.

5. **Untersuchen Sie sich auf Anzeichen von Unterkühlung, sobald Sie gerettet sind.**
Sie erkennen ein gefährlich tiefes Absinken der Körpertemperatur daran, dass Sie Schwierigkeiten beim Sprechen haben und Ihr Körper nicht mehr zittert. Wärmen Sie sich in diesem Fall sofort wieder auf.

Überleben ohne Schwimmweste

1. **Ergreifen Sie irgendeinen schwimmfähigen Gegenstand.**
Ein Stück Treibholz, eine Kühlbox oder eine Plastiktüte voll Luft sind ganz passable Schwimmhilfen.

2. **Ist keine Schwimmhilfe verfügbar, lassen Sie sich am besten auf dem Rücken liegend treiben, treten ganz langsam Wasser oder nehmen die wärmesparendste Körperhaltung (siehe Schritt 2) ein.**

3. **Knöpfen Sie Ihre Jacke oder Ihr Hemd bis ganz oben zu und versuchen Sie, Luft unter den Saum des Kleidungsstücks zu treiben, wenn Sie auf keine der oben genannten Arten über Wasser bleiben können.**
Luftblasen zwischen Körper und Hemd schaffen Auf-

trieb und helfen Ihnen, über Wasser zu bleiben. Allerdings besteht die Gefahr bei diesem Vorgehen darin, dass Sie durch die zusätzliche Bewegung den Prozess der Auskühlung beschleunigen.

Drängen Sie sich zu mehreren so eng wie möglich zusammen, Brust an Brust.

Behandlung von Unterkühlungen

❶ **Wärmen Sie unterkühlte Menschen langsam in einer Wanne mit lauwarmem Wasser (40 bis 43° C) auf, wobei die Extremitäten aus der Wanne hängen müssen.**
Bei Unterkühlungen sammelt sich kaltes Blut in den Extremitäten. Werden die Extremitäten nun gleichzeitig mit dem Rest des Körpers erwärmt, weiten sich die Blutgefäße, das kalte Blut strömt zurück zum Herzen und kann dort zu Kammerflimmern oder einem Herzanfall führen.

❷ **Massieren Sie die Extremitäten nicht!**

❸ **Suchen Sie zumindest einen Unterschlupf, wenn kein warmes Wasser zur Verfügung steht.**
Entzünden Sie ein Feuer – man kann sogar in einer Schneehöhle ein kleines Feuer machen, ohne sie zum Schmelzen zu bringen.

❹ **Geben Sie dem Opfer Zuckerwasser, Süßigkeiten, Tee, Traubenzuckertabletten oder andere wärmende und energiereiche Nahrungsmittel, damit es wieder zu Kräften kommt.**

Achtung!

- Es kann gefährlich sein, ein Unterkühlungsopfer durch direkten Körperkontakt wieder aufzuwärmen – möglicherweise verliert der Retter bei einer solchen Aktion so viel Körperwärme, dass er sich selbst massiv unterkühlt. Nach Möglichkeit sollten sich daher mindestens zwei Retter abwechseln. Binden Sie am besten zwei Schlafsäcke an den Reißverschlüssen zusammen und legen Sie das Opfer zwischen zwei Retter. Halten Sie alle Beteiligten am Sprechen, damit Sie merken, wenn jemand die Besinnung verliert.

Sturz in einen Wasserfall

❶ **Holen Sie tief Luft, bevor Sie über die Absturzkante gehen.**
Während des Falls haben Sie vielleicht keine Kontrolle über sich, und unten werden Sie möglicherweise unter Wasser gedrückt.

❷ **Springen Sie mit den Füßen voran.**
Die größte Gefahr bei einem Sturz einen Wasserfall hinunter besteht darin, sich unter Wasser den Kopf zu stoßen und das Bewusstsein zu verlieren. Pressen Sie im Fallen die Beine zusammen und halten Sie sich so aufrecht wie möglich; so verringern Sie das Risiko eines Knochenbruchs.

❸ **Springen Sie in dem Moment, in dem Sie über die Abbruchkante gehen, so weit wie möglich von den Felsen weg.**
So vermeiden Sie am ehesten, am Fuß des Wasserfalls auf felsigem Untergrund zu landen.

❹ **Legen Sie die Arme schützend um den Kopf.**

❺ **Beginnen Sie sofort mit Schwimmbewegungen, sobald Sie unten im Wasser aufgekommen sind.**
Durch die Schwimmbewegungen sinken Sie langsamer.

❻ **Schwimmen Sie flussabwärts, vom Wasserfall weg.**
Vermeiden Sie unbedingt, in Wirbeln oder durch das Gewicht des herabstürzenden Wassers unter dem Wasserfall festgehalten zu werden.

Springen Sie so weit wie möglich von der Abbruchkante weg. Springen Sie mit den Füßen voran, in aufrechter Haltung, und schützen Sie den Kopf mit den Armen.

Überleben eines Vulkanausbruchs

❶ **Achten Sie auf herabstürzende Steine, Baumstämme und Gerölllawinen.**
Rollen Sie sich zu einer Kugel zusammen, um den Kopf zu schützen, wenn Sie in einen Steinschlag geraten. Vorsicht! Flüsse können nach einem Vulkanausbruch urplötzlich stark anschwellen, weil riesige Mengen geschmolzenen Schnees zu Tal fließen und dabei Erdreich mit sich reißen. Steigen Sie hangaufwärts von Flüssen weg, vor allem, wenn Sie das Tosen von Schlammlawinen (Muren) hören.

❷ **Weichen Sie Lavaströmen, die auf Sie zufließen, unbedingt aus.**
Sie werden der Lava nicht davonlaufen können, versuchen Sie also nicht, bergab zu rennen. Weichen Sie ihr seitlich aus und versuchen Sie, auf die sichere Seite einer Senke oder eines Tals zu gelangen, die den Lavastrom von Ihnen weglenken.

❸ **Fliehen Sie möglichst schnell in ein Gebäude.**
Schließen Sie alle Türen und Fenster und begeben sich in ein höher liegendes Stockwerk. Bringen Sie alle im Freien stehenden Autos und Geräte in Sicherheit, falls Ihnen genug Zeit dafür bleibt.

❹ **Setzen oder legen Sie sich nicht auf den Boden.**
Sie könnten die Besinnung verlieren, wenn Sie die giftigen Gase einatmen, die bei Vulkanausbrüchen frei

werden. Am gefährlichsten dabei ist Kohlendioxid, da es praktisch geruchlos ist. Da es schwerer ist als Luft, sammelt es sich in Bodennähe.

5 **Verlassen Sie das Gefahrengebiet, aber erst, wenn die Behörden dazu aufrufen.**
Die beste Überlebenschance haben Sie, wenn Sie das Gefahrengebiet in einem Auto verlassen. Doch Vorsicht! Selbst ein Auto ist manchmal nicht schnell genug, um einem Lavastrom zu entkommen: Dünnflüssige Lava kann 150 bis 300 Stundenkilometer schnell fließen. Weiterhin besteht die Gefahr, dass die Vulkanasche den Luftfilter Ihres Autos im Nu verstopft und den Motor »erstickt«. Benutzen Sie also das Auto nur für eine Flucht aus unmittelbarer Gefahr.

Achtung!

Vulkanausbrüche können auf vielfältige Weise indirekt Schaden anrichten: durch Schlammlawinen, Erdbeben, Flutwellen und sauren Regen. Nehmen Sie folgende Ausrüstungsgegenstände mit, wenn Sie sich längere Zeit in einer Gegend mit aktiven Vulkanen aufhalten:

- Taschenlampe mit Reservebatterien
- Erste-Hilfe-Kasten
- Notration an Nahrungsmitteln und Wasser
- Dosenöffner (mechanisch)
- wichtige Arzneimittel
- Staubmasken
- feste Schuhe
- Schutzbrille
- tragbare Sauerstoffflasche

Rollen Sie sich bei Steinschlag zu einer Kugel zusammen, um den Kopf zu schützen.

Kapitel 5

Nahrung und Schutz

Überleben eines Hotelbrandes

Nehmen Sie einen Feueralarm im Hotel immer ernst und verlassen Sie das Gebäude, wie im Fluchtplan angegeben. Ist das Feuer in Ihrer unmittelbaren Nähe, gehen Sie wie folgt vor:

❶ **Berühren Sie den Knauf der Zimmertür mit dem Handrücken.**
Ist der Knauf heiß, gehen Sie zu Schritt 2, dann direkt zu Schritt 5. Ist er nicht heiß, folgen Sie den unten stehenden Anweisungen Schritt für Schritt.

❷ **Füllen Sie die Badewanne teilweise mit kaltem Wasser.**
Weichen Sie Handtücher, Waschlappen, Betttücher und Decken im Wasser ein. Verwenden Sie Wasser aus dem Toiletten-Spülkasten, wenn aus dem Wasserhahn kein Wasser mehr kommt. Legen Sie einen nassen Waschlappen über Mund und Nase und ein nasses Handtuch oder Bettlaken über den Kopf.

❸ **Öffnen Sie die Zimmertür.**

❹ **Ducken Sie sich so tief wie möglich – am besten 30 bis 60 Zentimeter über den Boden -, wenn der Gang mit Rauch gefüllt ist.**
Gehen Sie tief gebückt zu einem Notausgang. Nehmen Sie niemals den Lift.

❺ **Öffnen Sie die Zimmertür nicht, wenn der Knauf sich heiß anfühlt.**

Stopfen Sie nasse Handtücher in den Türspalt, um den Rauch fern zu halten.

❻ **Versuchen Sie, die Rezeption oder Zimmer in anderen Stockwerken anzurufen, um sich über die dortige Lage zu informieren.**

❼ **Schalten Sie Ventilatoren oder Klimaanlagen aus, damit kein Rauch ins Zimmer gesogen wird, und öffnen Sie das Fenster einen Spalt weit.**
Ist das Feuer in dem Stockwerk direkt unter Ihnen, könnte durch das geöffnete Fenster Rauch in Ihr Zimmer dringen. Öffnen Sie daher das Fenster zunächst nur einen Spalt weit. Öffnen Sie es zu einem Drittel oder zur Hälfte, wenn frische Luft hereinströmt.

❽ **Bauen Sie am Fenster eine Art Zelt aus nassen Tüchern.**
Unterlassen Sie dies aber, wenn durch das Fenster Rauch in das Zimmer strömt. Halten oder befestigen Sie die Ränder der Tücher am Fenster und stellen oder knien Sie sich nun unter die herabhängenden nassen Tücher. So sind Sie vor Rauch geschützt und können frische Luft von draußen atmen. Die Tücher kühlen und filtern die Luft und erleichtern so die Atmung.

❾ **Machen Sie die Rettungsmannschaften mit einem weißen Tuch oder einer Taschenlampe auf sich aufmerksam.**
Warten Sie, bis Sie gerettet werden.

❿ **Versuchen Sie, durch eine Wand in ein Nebenzimmer zu brechen, wenn die Luft im Zimmer immer schlech-**

ter und das Atmen schwierig werden und noch keine Rettung in Sicht ist.

Geeignet für einen Durchbruch ist ein Wandschrank. Setzen Sie sich auf den Boden des Wandschranks und klopfen Sie die Rückwand ab, bis Sie ein hohles Geräusch hören. Treten Sie mit beiden Füßen gegen diese Stelle. Haben Sie es mit einer Holz- oder Gipswand zu tun, stehen die Chancen nicht schlecht, dass Sie zumindest ein Atemloch »brechen« können. Im Notfall müssen Sie das Loch eventuell so lange vergrößern, bis Sie ins nächste Zimmer fliehen können.

⓫ **Gehen Sie zum Fenster und überprüfen Sie die Außenwand des Gebäudes, wenn es Ihnen nicht gelingt, durch die Wand zu brechen.**

Verfügt das Hotel über nahe beieinander liegende Balkone, können Sie unter Umständen auf einen benachbarten Balkon klettern. Gibt es keine erreichbaren Nachbarbalkone, können Sie Bettlaken aneinander knoten und zu einem direkt unter Ihnen liegenden Balkon klettern. Verbinden Sie die Tücher mit einem normalen Knoten (der erste Schritt beim Schuhezubinden, zweimal hintereinander ausgeführt) und seilen Sie sich nur ein Stockwerk tief ab. Ziehen Sie dies nur als letzte Möglichkeit in Erwägung und klettern Sie nur hinab, um einer unmittelbaren Gefahr zu entkommen oder die Rettungsmannschaft zu erreichen.

Achtung!

- Die Leitern von Feuerwehrautos reichen normalerweise nur bis zum siebten Stockwerk. Erwägen Sie deshalb, Zimmer in den unteren sieben Stockwerken zu buchen.

- Oft gelangen Löschfahrzeuge nicht in die Innenhöfe von Hotels hinein. Das bedeutet, dass Sie aus Zimmern zum Hof oder zum Pool unter Umständen nicht über Leitern gerettet werden können, selbst wenn sie unterhalb des siebten Stockwerks liegen. Ziehen Sie daher in Erwägung, ein Zimmer zur Straße zu nehmen.
- Vergewissern Sie sich schon beim Einchecken, ob das Hotel über Sprinkleranlagen und Rauchmelder verfügt.
- Zählen Sie die Türen zwischen Ihrem Zimmer und dem nächstgelegenen Notausgang. Das erleichtert im Notfall die Orientierung, wenn Rauch die Sicht behindert.
- Bewahren Sie den Zimmerschlüssel an einem Ort auf, wo Sie ihn auch im Dunklen finden.
- Springen Sie nie aus einer Höhe von mehr als zwei Stockwerken hinunter. Sie riskieren dabei Ihr Leben!

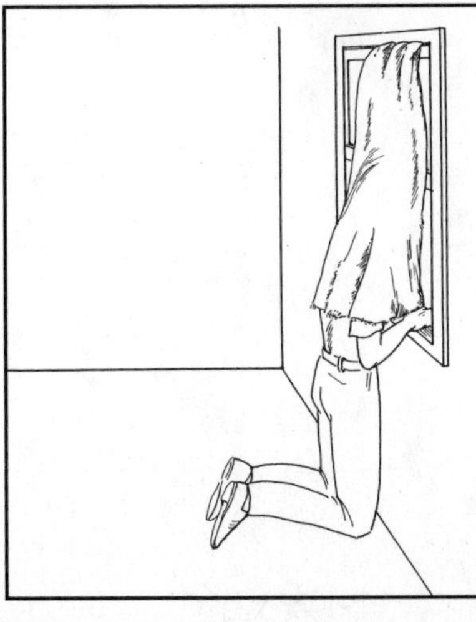

Wenn Sie nicht durch die Zimmertür fliehen können, hüllen Sie sich an einem geöffneten Fenster in ein »Zelt« aus nassen Hand- oder Betttüchern, um sich vor Rauch zu schützen, und atmen Sie Außenluft.

Wassersuche auf einer einsamen Insel

❶ **Sammeln Sie in jedem verfügbaren Gefäß Regenwasser.**

Dafür eignen sich eine Schüssel, ein Teller, ein Helm, ein Rettungsboot oder sogar ausgebreitete Kleidung. In sehr trockener Umgebung schlägt sich nachts auf Oberflächen Kondenswasser nieder. Nehmen Sie eine Plane oder ein großes Stück Stoff, hängen Sie das Tuch an den Ecken auf, so dass die Mitte durchhängt, und sammeln Sie damit Wasser.

❷ **Sammeln Sie Tau.**

Knoten Sie Stofffetzen oder Büschel feinen Grases um Ihre Knöchel und gehen Sie bei Sonnenaufgang durch Wiesen und Laub. Der Stoff bzw. die Grasbüschel saugen sich voll Tau und können später in einem Behälter ausgewrungen werden.

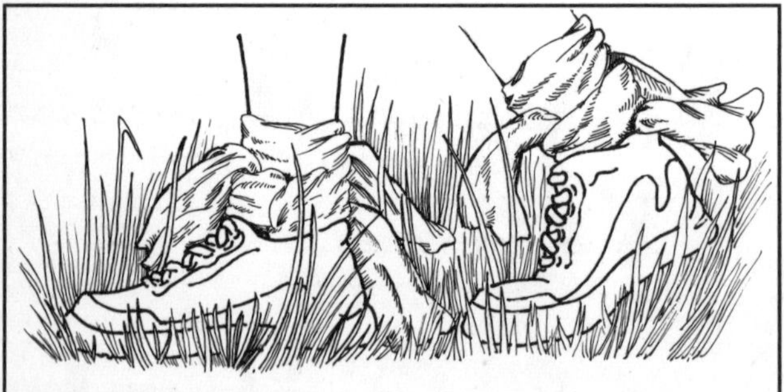

Binden Sie Stofffetzen an die Fußgelenke, um damit Tau einzusammeln.

❸ **Gehen Sie Richtung Berge.**
Inseln, die an der Küste völlig trocken wirken, können im gebirgigen Inneren durchaus grün und vegetationsreich sein. Vegetation weist oft auf Flüsse und Bäche hin – folgen Sie den Spuren der Vegetation, bis Sie auf Süßwasser stoßen. Verschwenden Sie aber nicht zu viel Energie auf lange Märsche, wenn Sie nicht relativ sicher sind, auch wirklich Wasser zu finden. (Die üppige Vegetation darf also nicht zu weit entfernt sein.)

❹ **Fangen Sie Fische.**
Der Bereich um die Augen eines Fisches enthält trinkbare Flüssigkeit; selbst in Gräten steckt Flüssigkeit (außer in Haigräten). Saugen Sie die Augen aus und brechen Sie die Gräten am Wirbel ab und saugen Sie die Flüssigkeit heraus. Auch im Fischfleisch ist trinkbares Wasser gespeichert – aber das Fleisch enthält auch viel Protein, und die Verdauung von Protein verbraucht Wasser. Deshalb sollten Sie den rohen Fisch nur in einer Plane oder einem Stück Stoff auspressen, um Flüssigkeit zu gewinnen, ihn aber nicht essen.

❺ **Suchen Sie nach Vogelkot.**
In sehr trockener Umgebung weist Vogelkot oft auf eine versteckte Wasserquelle hin, zum Beispiel in einem Felsspalt. (Vögel sammeln sich oft an solchen Orten, um dort zu trinken.) Stecken Sie einen Stofffetzen in den Spalt und wringen Sie ihn dann in den Mund oder einen Behälter aus.

❻ **Suchen Sie nach Bananenstauden.**
Hacken Sie den Stamm etwa 30 Zentimeter über dem

Boden ab und höhlen Sie den Stumpf schüsselförmig aus. Die Wurzeln werden den Stumpf noch vier Tage lang mit Wasser versorgen und die Vertiefung mit Wasser füllen. Die ersten drei Füllungen werden bitter schmecken, danach wird es besser. Bedecken Sie den Stumpf, um Insekten fern zu halten.

Achtung!

- Trinken Sie nur im äußersten Notfall Meerwasser! Dessen hoher Salzgehalt kann zu Nierenversagen führen, außerdem benötigt der Körper zwei Liter Flüssigkeit, um die Schadstoffe aus einem Liter Meerwasser wieder herauszuspülen. In der allergrößten Not dürfen Sie maximal 0,9 Liter Meerwasser pro Tag trinken; das ist zwar nicht gesund, erhält Sie aber unter Umständen am Leben.
- In einem Behältnis gesammeltes Regenwasser dürfen Sie bedenkenlos trinken, wenn das Behältnis sauber ist und das Wasser nicht lange steht; in stehendem Wasser können sich Bakterien ansiedeln.

Aufbereitung von Wasser

Es gibt vier Methoden, um in der Wildnis Wasser aufzubereiten: Filtration, chemische Behandlung, Abkochen und Destillation.

Filtration

Filtern Sie in der Wildnis jedes Wasser, sei es aus einem Fluss, einem Bach, einer Quelle, einem See oder einem Teich.

1 Suchen oder bauen Sie einen Filter.
Als Filter können dienen: Kaffeefilter, Papierhandtücher, Schreibpapier oder sogar Kleidung (je enger gewoben der Stoff, desto besser). Sie können auch eine Socke zu einem effektiven Filter umfunktionieren, indem Sie sie mit wechselnden Schichten von zerstoßener Kohle, zerkleinerten Steinen und Sand füllen.

2 Gießen Sie das Wasser durch den Filter.
Wiederholen Sie den Vorgang mehrere Male, um Verunreinigungen zu beseitigen.

Achtung!

- Filtration kann nur einige der Verunreinigungen entfernen. Sie tötet keine Bakterien oder andere Mikroorganismen ab. Daher filtern Sie das Wasser am besten zuerst und behandeln es dann mit Chemikalien oder kochen es ab.

Chemische Behandlung

❶ **Geben Sie auf jeden Liter Flüssigkeit zwei Tropfen haushaltsübliches Bleichmittel.**
Nehmen Sie drei Tropfen, wenn das Wasser extrem kalt oder trübe ist.

Oder

Geben Sie jedem Liter Wasser eine Jodtablette oder fünf Tropfen Jod (zweiprozentige Lösung) zu.

❷ **Mischen Sie Wasser und Jod oder Bleichmittel gut durch und warten Sie mindestens eine Stunde.**
Die Chemikalien töten Mikroorganismen ab; je länger sie einwirken, desto reiner ist das Wasser. Am besten lassen Sie das Mittel über Nacht wirken.

Destillation

Eine Solardestillieranlage nutzt die Sonnenwärme, um im Boden gebundenes Wasser verdunsten zu lassen und in einem Gefäß aufzufangen. So bauen Sie eine solche Anlage:

❶ **Graben Sie ein etwa 30 Zentimeter tiefes Loch, in das Ihr Auffanggefäß hineinpasst.**

❷ **Setzen Sie ein sauberes Gefäß in die Mitte des Lochs.**

❸ **Bedecken Sie das Loch mit Plastikfolie.**
Eine Plane oder ein Stück aus einem Müllsack funktionieren hervorragend als Abdeckung.

❹ **Beschweren Sie die Ränder der Abdeckung mit Stöcken oder Steinen, so dass sie glatt am Boden aufliegt und keine Luft entweichen kann.**

❺ **Bohren Sie ein Loch von 0,5 bis 1 Zentimeter Durchmesser in die Mitte der Plane und legen Sie einen kleinen Stein neben dieses Loch, so dass die Plane aussieht wie ein Trichter.**
Vergewissern Sie sich, dass das Loch über dem Auffangbehälter liegt, ihn aber nicht berührt.

❻ **Warten Sie.**
Die Wärme der Sonne wird das Wasser im Boden zum Verdunsten bringen. Der Dampf kondensiert an der Plane und tropft in den Behälter. Die Solardestillieranlage produziert zwar nicht viel Flüssigkeit (weniger als eine Tasse voll), dafür können Sie das produzierte Wasser aber bedenkenlos trinken. Je nach Stärke der Sonne und der Menge des im Boden gebundenen Wassers kann dieser Vorgang einige Stunden bis einen Tag lang dauern.

Abkochen

Kochen Sie das Wasser mindestens eine Minute plus eine Minute für alle 300 Meter, die Sie sich über dem Meeresspiegel befinden.
Lassen Sie das Wasser am besten zehn Minuten lang kochen, bevor Sie es trinken (wenn Sie genug Brennstoff haben). Je länger das Wasser kocht, desto mehr Mikroorganismen sterben ab; ein Abkochen über zehn Minuten hinaus bringt aber nicht mehr. Lassen Sie das Wasser abkühlen, bevor Sie es trinken!

Bau eines Unterschlupfs im Schnee

Bau eines Schneelochs

❶ **Legen Sie den Graben des Schneelochs so an, dass die Öffnung senkrecht zur vorherrschenden Windrichtung steht.**
Sie benötigen für den Graben nur so viel Platz, dass Sie liegend gerade so hineinpassen. Je niedriger der Raum, desto besser bewahrt er Ihre Körperwärme.

❷ **Statten Sie den Graben an einem Ende mit einer breiteren, flach ansteigenden Öffnung für Ihren Kopf aus.**
Graben Sie mit irgendeinem Werkzeug, das Sie dabeihaben oder herstellen können, zum Beispiel mit einer Bratpfanne oder einem langen, flachen Stück Holz.

❸ **Decken Sie die Oberseite des Schneelochs mit Schichten von Zweigen ab und legen Sie darüber eine Plane oder Plastikfolie, darüber wieder Zweige (oder sonstwie verfügbares Material). Bedecken Sie alles mit einer dünnen Schicht Schnee.**
Verschließen Sie das Kopfende des Schneelochs mit einer »Tür«, zum Beispiel Ihrem Rucksack, mit Schneeblöcken oder sonstigem Material, das zwar eine gewisse Belüftung zulässt, aber den kühlenden Wind abhält.

Bau einer Schneehöhle

❶ **Suchen Sie an einem Hang nach einer dickeren Schneeschicht.**
Legen Sie Ihre Höhle so an, dass der Eingang senkrecht zum vorherrschenden Wind liegt.

❷ **Graben Sie einen schmalen, leicht ansteigenden Tunnel in den Hügel hinein.**
Erweitern Sie den hinteren Teil des Ganges zu einer Höhle mit waagerechtem Boden, in der Sie liegen können, ohne die Wände oder das Dach zu berühren.

❸ **Bauen Sie die Höhlendecke leicht kuppelförmig.**
Eine flache Decke trägt kaum Gewicht und bricht meistens noch zusammen, bevor Sie mit dem Graben fertig sind. Achten Sie darauf, dass die Schneedecke über der Höhle mindestens 30 Zentimeter stark ist. Dringt das Tageslicht von oben blau-grün in die Höhle ein, ist die Schneeschicht zu dünn.

❹ **Bohren Sie ein schmales Belüftungsloch in die Höhlendecke.**
Durch dieses Loch gelangt Frischluft herein, außerdem dient es als Zug für eine Kerze. Sie können sogar eine kleine Kerze in der Höhle anzünden, vermeiden Sie aber jede zusätzliche Wärmeentwicklung. Denn übermäßige Hitze weicht die Höhlendecke auf, bringt sie zum Tropfen und schwächt sie.

Bau eines Behelfs-Iglus

Bauen Sie ein Behelfs-Iglu, wenn die Schneehöhe für

einen Graben oder eine Höhle nicht ausreicht. Dieser Schutz gegen die Kälte wurde von den Athabaska-Indianern erfunden, die hauptsächlich in Kanada und Alaska lebten.

❶ **Sammeln Sie einen großen Haufen gepressten Schnees.** Der Haufen muss so groß sein, dass Sie bequem darin sitzen oder liegen können, wenn Sie ihn ausgehöhlt haben.

❷ **Warten Sie eine Stunde, bis der Schnee sich gesetzt hat.**

❸ **Graben Sie eine Schneehöhle in den Haufen.**

Graben Sie Ihre Schneehöhle in eine dicke Schneeschicht, senkrecht zur vorherrschenden Windrichtung.

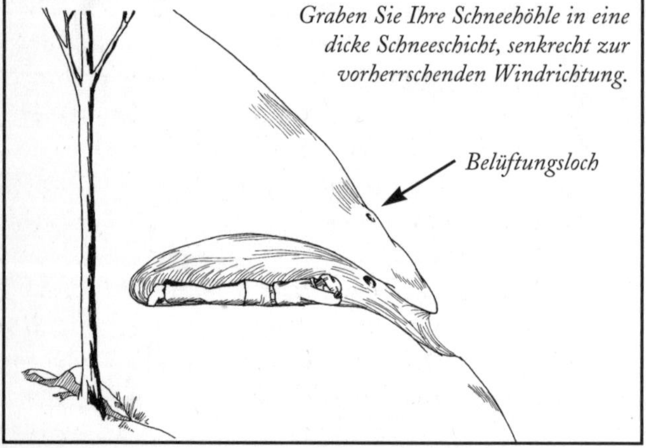

Achtung!

- In Hütten oder Fahrzeugen sind Sie besser aufgehoben als in einer Unterkunft aus Schnee. Bei Unterschlupf in der freien Natur sollten Sie nach Möglichkeit versuchen, den Verlust an Körperwärme zu minimieren. Höhlen, umgestürzte Bäume oder Felsvorsprünge können dabei helfen, Sie vor den Elementen zu schützen.

- Verzichten Sie auf den Bau eines Unterschlupfs im Schnee, wenn Sie Gefahr laufen, während der Arbeit nass zu werden und danach keine Möglichkeit haben, wieder trocken zu werden. Denn es macht einige Arbeit, auch nur für eine Person einen Unterschlupf im Schnee zu bauen. Kommen Haut oder Kleidung während des Grabens mit Schnee in Berührung, erhöht sich der Wärmeverlust des Körpers.
- Beim Bau eines Unterschlupfs arbeitet es sich mit altem Schnee am besten, da dieser sich über die Zeit gesetzt hat.
- Schnee isoliert hervorragend gegen Kälte – aber auch gegen Geräusche. Wenn Sie in einer Schneehöhle liegen, hören Sie wahrscheinlich weder Suchtrupps noch Flugzeuge. Deswegen sollten Sie außerhalb Ihres Unterschlupfs ein Signal für Rettungsmannschaften zurücklassen. Befestigen Sie zum Beispiel eine Plane so, dass sie weithin sichtbar ist, oder schreiben Sie mit Holzstücken SOS auf den Boden.
- Suchen Sie auf jeden Fall eine Unterlage, egal, in welcher Art von Unterschlupf Sie sich befinden. Gut eignen sich zum Beispiel Fichtenzweige oder ähnlich weiche natürliche Materialien. Tragen Sie eine Schicht von mindestens 30 Zentimetern zusammen und legen Sie sich darauf. Ihr Körpergewicht wird die Schicht fest zusammendrücken.
- Sobald Sie sich in Ihrem Unterschlupf verkrochen haben, werden die Abwärme des Körpers und die ausgeatmete warme Luft für einigermaßen angenehme Temperaturen sorgen.

Überleben eines Tsunamis

Ein Tsunami (japanisch: »Hafenwelle«) ist eine Abfolge von Riesenwellen, die in Ozeanen über extrem weite Strecken laufen können, oft über Tausende von Kilometern. Die Wellen werden durch unterseeische Erdbeben und Vulkanausbrüche oder Erdabrutsche ins Meer erzeugt. Sie können 15 bis 30 Meter hoch werden. (Viele Leute bezeichnen Tsunamis fälschlicherweise als Gezeitenwellen. Denn die Entstehung von Tsunamis hat mit den Anziehungskräften, die für Ebbe und Flut sorgen, nichts zu tun.)

❶ **Achten Sie an der Küste auf Anzeichen, die auf einen sich nähernden Tsunami hinweisen:**

- schnelles Ansteigen oder Absinken des Meeresspiegels,
- bebender Boden,
- lautes, andauerndes Grollen

❷ **Laufen Sie so schnell wie möglich aus, falls Ihr Boot in einem kleinen Hafen liegt und Sie rechtzeitig vor einem sich nähernden Tsunami gewarnt werden.**

Am besten wäre es, wenn Sie Ihr Boot verließen und sich möglichst schnell auf höher gelegenes Land flüchteten. Die zweitbeste Möglichkeit besteht darin, auszulaufen und Ihr Boot weit ins offene Meer hinauszusteuern. So entgehen Sie der Gefahr, dass es vom Tsunami gegen die Hafenmauern oder an Land geschleudert wird. Tsunamis richten erst dann Schäden an, wenn sie aus tiefem Wasser in flacheres gelangen. Im flachen Wasser schieben sich die Wellen ineinander und türmen sich auf. In tiefem Wasser spürt man Tsunamis oft überhaupt nicht.

❸ **Fliehen Sie sofort in höher gelegenes Gelände, wenn Sie sich an Land befinden.**
Tsunamis bewegen sich schneller, als Menschen laufen können. Entfernen Sie sich daher so rasch wie möglich von der Küste.

❹ **Fliehen Sie in ein oberes Stockwerk Ihres Hotels (so vorhanden), wenn Sie nicht genug Zeit haben, in höher gelegenes Gelände auszuweichen.**
Die obersten Stockwerke eines großen Gebäudes bieten unter Umständen sicheren Schutz.

Achtung!

- Die erste Welle eines Tsunami muss nicht die höchste sein; oft folgt eine ganze Reihe weiterer Riesenwellen.
- Tsunamis können entlang von Fluss- und Bachbetten weit ins Inland vordringen.
- Ein Tsunami kann einen bis zu 300 Meter breiten Streifen hinter der Küste mit Wasser und Treibgut überschwemmen.

Überleben in einem Sandsturm

❶ **Befeuchten Sie ein Kopftuch oder ein Stück Stoff und bedecken Sie damit Mund und Nase.**

❷ **Schützen Sie die Innenseite der Nasenlöcher mit einer dünnen Schicht Vaseline.**
Die Vaseline verhindert weitgehend ein Austrocknen der Schleimhäute.

❸ **Bleiben Sie als Gruppe zusammen.**
Haken Sie einander unter oder binden Sie sich mit einem Seil aneinander. So bleiben Sie zwangsläufig zusammen und bekommen mit, wenn ein Gruppenmitglied Hilfe braucht.

❹ **Fahren Sie so weit wie möglich von der Straße auf den Seitenstreifen, wenn Sie mit einem Auto unterwegs sind.**
Schalten Sie das Licht aus, ziehen Sie die Handbremse an und vergewissern Sie sich, dass Ihr Rücklicht nicht brennt. Denn es ist schon vorgekommen, dass von hinten kommende Fahrzeuge sich bei Sandstürmen an dem Rücklicht eines stehenden Autos orientiert haben und mit dem geparkten Fahrzeug zusammengestoßen sind.

❺ **Versuchen Sie, auf höher gelegenes Terrain zu gelangen.**
Der Wind reißt die Sandkörner in die Luft, treibt sie knapp über dem Boden dahin und setzt sie dann wieder ab. Da Sandkörner auf Gras, Erde oder Sand nicht

hochspringen, ist es ratsam, sich auf eine Geländeerhebung mit festem Untergrund zu begeben. Schon ein paar Höhenmeter können Wunder wirken. Doch Vorsicht: Sandstürme werden manchmal von schweren Gewittern begleitet. Dann besteht die Gefahr, vom Blitz erschlagen zu werden. Fliehen Sie also nicht auf höher gelegenes Terrain, falls Sie während eines Sandsturms Donner hören oder Blitze sehen.

Achtung!

- Tragen Sie in sandsturmgefährdeten Gebieten immer lange Hosen, Socken und Schuhe. (Sandstürme können praktisch überall dort vorkommen, wo es viel Sand und Wind gibt.) Weil der Sand in Stürmen hauptsächlich knapp über dem Boden hinwegfegt, laufen Füße und Unterschenkel die größte Gefahr, »sandgestrahlt« zu werden.

Bedecken Sie Nase und Mund mit einem nassen Tuch, um das Einatmen von Sandkörnern zu verhindern.

Fischfang ohne Angel

1. **Ermitteln Sie den besten Ort für Ihre Fangversuche.**
   Fische sammeln sich normalerweise im Schatten, in Ufernähe von Seen, Flüssen und Bächen.

2. **Suchen Sie einen jungen und biegsamen gegabelten Ast von etwa 60 Zentimetern Länge (die einzelnen »Zinken« der Gabel sollten etwa 30 Zentimeter lang sein).**
   Brechen oder schneiden Sie ihn ab.

3. **Biegen Sie die beiden Enden der Gabel zusammen und verknoten Sie sie miteinander.**
   So entsteht ein runder Rahmen für ein Netz.

4. **Ziehen Sie Ihr Hemd oder T-Shirt aus.**

5. **Verknoten Sie es direkt unterhalb des Kragens und der Ärmel.**

6. **Schieben Sie den Rahmen von unten in das Hemd und befestigen Sie den Stoff mit Knoten oder Nadeln überall am Rahmen.**

7. **Schöpfen Sie mit diesem Netz nach Fischen.**

Alternative

Größere Fische können Sie auch mit einem angespitzten Stock erlegen. Diese Methode funktioniert nachts am besten, wenn die Fische an die Oberfläche kommen.

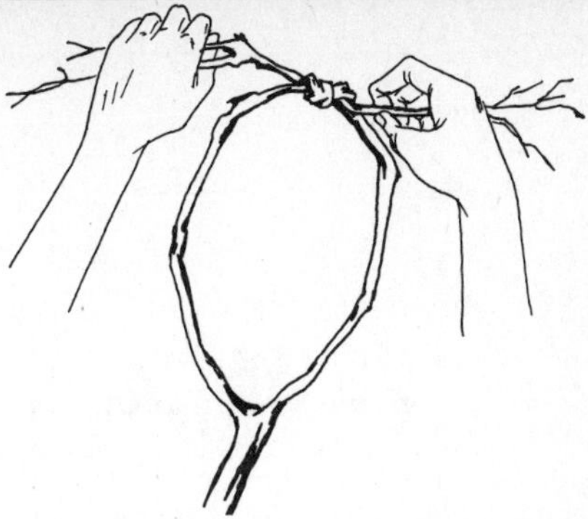

Suchen Sie einen gegabelten Ast. Verknoten Sie die Enden der Gabel.

Verknoten Sie das Hemd.

Schieben Sie den verknoteten Ast von unten in das Hemd und befestigen Sie das Hemd am Rahmen.

Bau von Fallen

Schlingenfallen

Kleintiere fangen Sie am besten in Schlingen. Sie fangen Tiere, töten sie aber nicht.

❶ **Besorgen Sie einen 60 Zentimeter langen Draht und ein Stöckchen.**
Verwenden Sie unbedingt Draht, denn Schnüre würden von den Tieren durchbissen.

❷ **Wickeln Sie ein Ende des Drahts um das Stöckchen.**
Drehen Sie das Stöckchen, während Sie den Draht mit Daumen und Zeigefinger auf beiden Seiten des Holzes halten. So erhalten Sie eine kleine Schlaufe um das Stöckchen, während Sie den Draht um sich selbst wickeln.

❸ **Entfernen Sie das Holz, indem Sie es nahe des Drahts abbrechen.**
Schieben Sie den Rest des Stöckchens heraus. Sie haben jetzt eine kleine Schlaufe an einem Ende des Drahts.

❹ **Nehmen Sie das andere Ende des Drahts und führen Sie es durch die Schlaufe.**
Jetzt haben Sie eine Schlinge, die sich umso fester zieht, je heftiger ein gefangenes Tier kämpft. Die Schlinge sollte etwa zwölf Zentimeter Durchmesser haben.

❺ **Wickeln Sie das Drahtende um einen 30 Zentimeter hohen Pfahl und verknoten Sie es fest.**

❻ **Legen Sie die Schlinge an regelmäßig benutzte Fährten oder am Eingang eines Baus oder Lochs aus.**
Sie können auch zwei Schlingen direkt hintereinander legen, um die Chancen zu erhöhen, etwas zu fangen. Ein Tier, das sich in einer Schlinge verfangen hat, wird bei seinem Kampf wahrscheinlich auch in die andere geraten.

❼ **Verankern Sie den Pfahl im Boden.**
Stellen Sie ihn an einem Ort auf, wo das Tier ihn nicht sieht. Markieren Sie ihn, damit Sie ihn später wiederfinden.

❽ **Sehen Sie nur ein-, zweimal täglich nach, ob Sie etwas gefangen haben.**
Wenn Sie zu oft an der Falle vorbeigehen, verschrecken Sie möglicherweise die Tiere. Ein Tier, das in die Falle geht, wird sich zu befreien versuchen und dadurch die Schlinge immer fester ziehen.

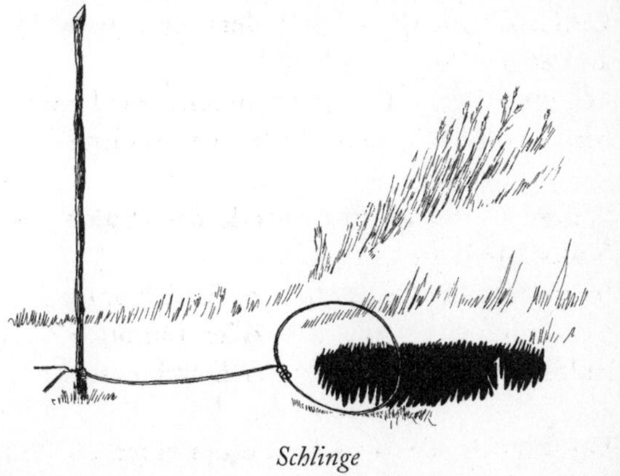

Schlinge

Schlagfallen

Schlagfallen nutzen die Schwerkraft, um Tiere zu fangen oder zu töten. Wird der Auslöser betätigt, fällt ein über der Falle aufgehängtes Gewicht (Stein, schweres Holzstück) herunter und tötet das Tier oder macht es bewegungsunfähig.

❶ **Wählen Sie einen Ort für die Falle, am besten sind benutzte Fährten.**

❷ **Besorgen Sie drei Stöckchen von ungefähr gleicher Länge und gleichem Durchmesser und einen großen, schweren Stein bzw. Holzklotz.**
Die nötige Länge und Dicke der Stöckchen hängen vom Gewicht des Steines (oder Klotzes) ab, den Sie verwenden wollen. Schätzen Sie einfach.

❸ **Schneiden Sie eine eckige Kerbe in die Mitte eines Stöckchens.**
Spitzen Sie dann das obere Ende des Stöckchens so an, dass es aussieht wie die Spitze eines Schraubenziehers, schmal und gerade. Dieses Stöckchen wird der senkrecht stehende Stützpfeiler der Falle.

❹ **Schneiden Sie eine eckige Kerbe – die in die Kerbe des senkrechten Stöckchens passt – in die Mitte des zweiten Stöckchens.**
Schneiden Sie einige Zentimeter vom hinteren Ende des Stöckchens entfernt eine dreieckige Kerbe in das Holz. Spitzen Sie das andere Ende des Hölzchens an; hier werden Sie dann den Köder aufspießen.

❺ **Schneiden Sie eine dreieckige Kerbe in die Mitte des letzten Stöckchens.**
Diese Kerbe muss auf die Spitze des senkrechten Stäbchens passen. Spitzen Sie ein Ende des Stöckchens an, bis es aussieht wie die Spitze eines Schraubenziehers (dieses Ende muss in die dreieckige Kerbe des Köder-Stäbchens passen). Schneiden Sie das andere Ende gerade ab. Das wird Ihr Haltestäbchen.

❻ **Verankern Sie das Stützstäbchen fest im Boden, so dass es senkrecht steht.**

❼ **Stecken Sie ein Stück Fleisch oder einen sonstigen Köder auf das Ende des Köderstäbchens, und setzen Sie das Köderstäbchen in die Kerbe am Stützstäbchen, so dass es parallel zum Boden verläuft.**

❽ **Setzen Sie das Haltestäbchen so auf das Köder- und das Stützstäbchen, dass es mit dem Köderstäbchen einen 45-Grad-Winkel bildet.**
Die schraubenzieherförmige Spitze des Haltestabs muss genau in die Kerbe am Ende des Köderstäbchens passen, die Spitze des Stützstäbchens genau in die dreieckige Kerbe des Haltestabs.

❾ **Lehnen Sie den Stein bzw. das Holzstück so gegen das Haltestäbchen, dass das obere Ende des Gewichts am oberen Ende des Haltestäbchens ruht.**
Ein Tier, das den Pfad entlangkommt, wird den Köder schnappen, dadurch verschiebt sich das Haltestäbchen, das Gewicht fällt herunter und tötet das Opfer oder macht es bewegungsunfähig.

Schlagfalle

Achtung!

- Stellen Sie immer mehrere Fallen auf, am besten acht bis zehn, um die Chance auf Beute zu erhöhen.
- Stellen Sie die Fallen in Bereichen auf, die von Tieren bewohnt oder aufgesucht werden, zum Beispiel an Trink- oder Fressplätzen. Beobachten Sie das Verhalten von Tieren, um zu ermitteln, wo die Tiere regelmäßig vorbeilaufen. Kothaufen zeigen Nistgebiete an.
- Kontrollieren Sie die Fallen ein- oder zweimal täglich. Tote Tiere verwesen schnell oder werden von anderen Tieren gefressen.
- Bauen Sie die Falle nicht an der Stelle, wo Sie sie aufstellen wollen. Bereiten Sie die Teile stattdessen in Ihrem Lager vor und setzen Sie sie am Aufstellort nur zusammen. So vermeiden Sie, die Tiere durch Ihre lange Anwesenheit zu verschrecken. Versuchen Sie, Ihren Körpergeruch an der Falle so gut wie möglich zu beseitigen, am besten mit Blättern oder Rinde.
- Errichten Sie die Fallen an den schmalsten Stellen einer Fährte, zum Beispiel zwischen Felsen oder dich-

tem Unterholz. Denn in der Regel nähern sich Tiere einer Falle überhaupt nur, wenn ihnen kein anderer Ausweg bleibt. Wie Menschen nehmen auch Tiere den Weg des geringsten Widerstandes.

- Passen Sie in der Nähe von Fallen auf. Sie könnten sich an einer Falle selbst verletzen oder ein unerwartet großes (und gefährliches) Tier fangen.
- Nähern Sie sich jedem gefangenen Tier sehr vorsichtig. Möglicherweise ist es noch nicht tot und greift Sie an.
- Lassen Sie keine Fallen oder Teile einer Falle zurück, wenn Sie ein Gebiet verlassen.

Kapitel 6

Überleben und Weiterleben

Abwehr einer Tarantel

Taranteln sind normalerweise friedlich, ihr Biss ist in der Regel nicht tödlich. Manche Menschen reagieren aber höchst allergisch auf ihren Biss, außerdem kann er extrem wehtun. Gehen Sie also sehr vorsichtig mit Taranteln um, die in Ihrer Nähe oder auf Ihnen herumkrabbeln.

❶ **Suchen Sie einen Gegenstand, mit dem Sie die Tarantel fortschubsen können.**
Dazu eignen sich z.B. Äste, eine zusammengerollte Zeitung oder ein Handschuh. Die meisten Taranteln sind außerordentlich scheu und werden sofort in höchster Eile fliehen, wenn Sie sie anstupsen. Trotzdem ist es sicherer, die Tarantel mit einem Gegenstand zu berühren, nicht mit der bloßen Hand.

❷ **Stehen Sie vorsichtig auf und hüpfen Sie leicht auf und ab, wenn die Tarantel sich nicht wegwischen lässt.**
Dadurch fällt die Tarantel entweder ab oder flieht freiwillig.

Behandlung eines Bisses

❸ **Brechen Sie nach einem Biss nicht in Panik aus.**
Die überwältigende Mehrheit der Taranteln beißt zuerst »trocken« (die Bissstelle sieht dann aus wie zwei Nadelstiche) und sondert erst in einem zweiten Biss Gift ab. Hüten Sie sich allerdings in Afrika vor den Arten Pterinochilus und Heteroscodra (Pavianspinnen)

und in Südasien vor den Poecilothera (Ornamental-Taranteln), die ein starkes Gift absondern.

❹ **Behandeln Sie einen »trockenen« Biss wie jede andere kleine Hautverletzung: Säubern Sie die Wunde mit einem antiseptischen Mittel und kleben Sie schnell ein Pflaster darüber.**

❺ **Beobachten Sie die Haut rund um die Bissstelle aufmerksam.**
Einige Tarantelarten injizieren beim Biss Gift, das zu Schwellungen und Rötungen der Haut um die Bissstelle führen kann. Die betroffene Stelle ist dann empfindlich und schmerzt zwei bis sechs Stunden lang. Suchen Sie einen Arzt auf, wenn die Symptome über zwölf Stunden lang andauern oder weitere, ernsthaftere Symptome auftreten. Steuern Sie kein Fahrzeug, wenn Sie es irgendwie vermeiden können.

❻ **Behandeln Sie übermäßige Schwellungen mit Antihistaminen.**
Antihistamine mildern die allergische Reaktion, allerdings dauert es in der Regel relativ lange, bis sie wirken. Möglicherweise müssen Sie Epinephrine einnehmen, wenn sich folgende Symptome zeigen: extreme Rötung des Gesichts, verschwommene Sicht, Schwindel, starke Schwellungen um das Gesicht oder die Augen oder Atembeschwerden.

❼ **Beobachten Sie genau, ob Komplikationen auftreten.**
Der Biss an sich ist wahrscheinlich nicht lebensbedrohlich, doch eventuell entzündet sich die Bissstelle. Darin besteht die größte Gefahr. Gehen Sie sofort zum

Arzt, wenn ein Verdacht auf Wundstarrkrampf, Tularämie (Hasenpest) oder Blutvergiftung auftritt. Anzeichen für Wundstarrkrampf sind: Muskelsteifheit, Krampfanfälle, Fieber, Zuckungen, Schluckbeschwerden, unregelmäßiger Herzschlag und Atembeschwerden. Tularämie zeigt sich an folgenden Symptomen: Fieber, Übelkeit, geschwollene Lymphknoten, Halsschmerzen, Erbrechen, Durchfall. Blutvergiftung erkennen Sie an: Schüben hohen Fiebers, Schüttelfrost, beschleunigter Atmung, Schock, Desorientierung, Unfähigkeit zu urinieren, angeschwollenen Gliedmaßen, blauen Lippen und Fingernägeln.

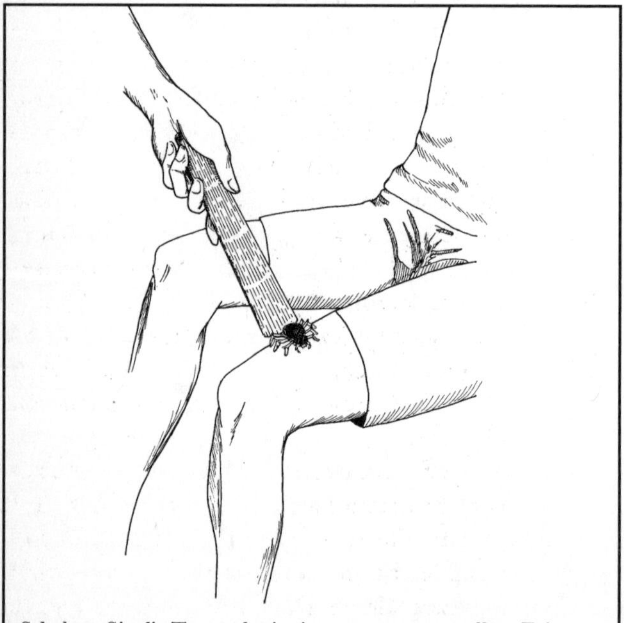

Schubsen Sie die Tarantel mit einer zusammengerollten Zeitung oder einem ähnlichen Gegenstand von Ihrem Körper.

Achtung!

- Taranteln sind im Grunde nur große Spinnen. Die meisten beißen nur zu, wenn Sie versuchen, sie in die Hand zu nehmen.
- Nach aktuellem Wissensstand übertragen Taranteln keine Krankheiten, die Menschen oder anderen Wirbeltieren gefährlich werden könnten. Wundstarrkrampf, Tularämie und andere Krankheiten, die sich nach einem Tarantelbiss möglicherweise einstellen, resultieren aus einer Verschmutzung der Wunde nach dem Biss (siehe Schritt 5).
- Taranteln kommen in Nordamerika westlich des Mississippi vor, in Südamerika und weltweit in warmen Klimazonen. Sie bevölkern recht unterschiedliche Lebensräume, unter anderem Wüsten, grasbewachsene Ebenen, Busch- und Regenwälder. Die meisten Taranteln leben in Erdhöhlen, einige Arten bevorzugen aber Bäume oder suchen die Nähe menschlicher Behausungen, wo sie es sich zum Beispiel an den Grundmauern oder unter dem Dach gemütlich machen.
- Taranteln sind hauptsächlich nachtaktiv, deswegen werden Sie kaum je eine zu Gesicht bekommen – außer Sie suchen gezielt nach ihnen. Tagsüber stößt man, wenn überhaupt, meistens auf erwachsene männliche Tiere, die nach paarungswilligen Partnerinnen suchen.
- Versuchen Sie niemals, eine Tarantel in die Hand zu nehmen! Taranteln haben an ihrem Hinterleib harte Borsten, die die Haut reizen können. Diese Borsten lösen sich leicht und schweben dann durch die Luft. Sie sind wie kleine Harpunen geformt und haben scharfe Spitzen. Dringen sie in die Haut ein, können sie eine Rötung oder Ausschlag verursachen.

Behandlung eines Skorpionstichs

❶ **Bleiben Sie ruhig.**
Skorpiongift löst im Körper des Opfers Angst aus; versuchen Sie trotzdem, beherrscht zu bleiben und nicht in Panik zu geraten. Das Gift der meisten Skorpionarten ist nur mäßig bis mittelgiftig und bedroht die Gesundheit eines erwachsenen Menschen nicht ernsthaft. Aber ein Stich tut verdammt weh!

❷ **Behandeln Sie die gestochene Stelle mit heißen oder kalten Umschlägen, um den Schmerz zu lindern.**
Die Einstichstelle schmerzt normalerweise am meisten. Nehmen Sie ein Schmerzmittel, wenn eines greifbar ist.

Skorpiongift löst im Körper des Opfers Angst aus.

❸ **Schlucken Sie Antihistamine, wenn eine allergische Reaktion auftritt.**
Skorpiongift enthält Histamine, die bei empfindlichen

Menschen zu allergischen Reaktionen (Asthmaanfälle, Hautausschlag) führen können.

❹ **Achten Sie auf Symptome wie unregelmäßigen Herzschlag, Kribbeln in den Händen und Füßen, Lähmungen in Gliedmaßen und Fingern sowie Atemnot.**
Die meisten Skorpionstiche schmerzen anfangs nur an der Einstichstelle, ähnlich wie Wespenstiche. Mehrere Minuten nach dem Stich kann sich der Schmerz im ganzen Körper ausbreiten. Er macht sich tendenziell in den Gelenken bemerkbar, vor allem in den Achselhöhlen und der Leiste. Weitere Symptome können sein: Taubheit im Gesicht, im Mund oder Hals, Muskelzuckungen, Schweißausbrüche, Übelkeit, Erbrechen, Fieber und Rastlosigkeit. Diese Symptome sind normal und geben sich normalerweise nach ein bis drei Stunden. Es besteht keine Lebensgefahr! Die Einstichstelle selbst kann noch bis zu drei Tage später schmerzen und empfindlich gegen Druck, Hitze oder Kälte sein.

❺ **Suchen Sie einen Notarzt auf, wenn sich die oben beschriebenen Symptome zeigen.**
Kleine Kinder, die von einem Skorpion gestochen wurden, brauchen sofort notärztliche Versorgung. Gestochenen Erwachsenen bleibt vergleichsweise deutlich mehr Zeit: Die Wahrscheinlichkeit, an einem Skorpionstich zu sterben oder auch nur ernsthaft zu erkranken, ist extrem gering. Sie haben mindestens zwölf Stunden, um das nächste Krankenhaus zu erreichen, möglicherweise sogar mehr.

❻ **Legen Sie keine Aderpresse an, denn das Gift breitet sich extrem schnell im Körper aus.**

Eine Aderpresse kommt dann sowieso zu spät und hilft keinesfalls, kann aber ziemlichen Schaden anrichten, wenn sie falsch angelegt wird.

❼ **Versuchen Sie nicht, die Wunde aufzuschneiden und auszusaugen.**
Dies führt nur dazu, dass diese sich möglicherweise entzündet oder das Gift auch ins Blut des Helfers gelangt.

Achtung!

- Skorpione sind nachtaktiv; tagsüber verstecken sie sich in Höhlen, Ritzen oder Spalten, je nach Art. Skorpione sind dafür berüchtigt, in Schuhen, Kleidungsstücken, Bettzeug oder Handtüchern Unterschlupf zu suchen. Wenn Sie einen Skorpion dort stören, erschrecken Sie ihn wahrscheinlich so sehr, dass er zusticht. Schütteln Sie daher diese Gegenstände vor Benutzung aus, wenn Sie in einer Gegend sind, in der es Skorpione gibt. Untersuchen Sie auch Ihr Bett, bevor Sie sich hineinlegen.
- Viele Skorpionarten scheuen sich nicht, in Häuser zu krabbeln. Das erhöht die Chance auf eine Begegnung mit ihnen. Doch keine Angst! Skorpione stechen zu, wenn sie überrascht oder bedroht werden, aber nicht einfach so.
- Normalerweise hat ein Skorpion nicht genug Gift, um einen gesunden Erwachsenen zu töten. Die Stärke des Gifts schwankt zwischen den verschiedenen Arten, und einige Skorpione injizieren ein sehr starkes Neurotoxin, das sogar giftiger ist als Kobragift. Doch im Vergleich zu Schlangen sondern Skorpione nur relativ kleine Mengen Gift ab, so dass man einen Stich überlebt.

Überqueren eines Flusses voller Piranhas

1. **Überqueren Sie den Fluss nicht, wenn Sie eine offene Wunde haben.**
   Piranhas werden von Blut angelockt.

2. **Meiden Sie Gegenden, wo Fische in Netzen gehalten werden, Gebiete in der Nähe von Docks, wo Fische ausgenommen werden, und Gebiete um Vogel-Nistplätze.**
   Dies sind typische Beutegründe von Piranhas, in denen sie sich möglicherweise aggressiver verhalten als sonst.

3. **Bleiben Sie dem Wasser fern, wenn die Piranhas gerade fressen.**
   Greift ein großer Piranhaschwarm ein Beutetier an, dann schnappen die Piranhas in wilder Raserei alles, was in ihre Nähe kommt. Bleiben Sie also an Land, wenn Sie fressende Piranhas sehen. Warten Sie ab oder überqueren Sie den Fluss deutlich weiter aufwärts.

4. **Überqueren Sie den Fluss nachts.**
   Nachts ruhen praktisch alle Piranha-Arten; weckt man sie auf, schwimmen sie davon, anstatt anzugreifen. Piranhas sind in der Morgendämmerung am aktivsten, am Abend jagen manchmal noch einige große Männchen.

5. **Schwimmen oder waten Sie schnell und leise durch den Fluss.**
   Versuchen Sie, keine großen Bewegungen im Wasser zu verursachen, die die Piranhas wecken könnten.

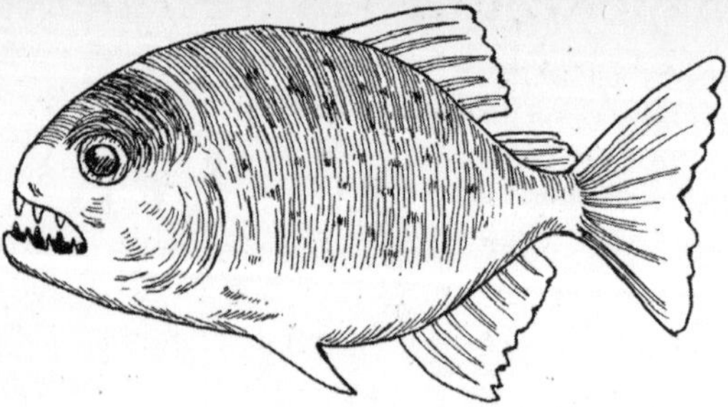

Piranhas sind tagsüber aktiver (und hungriger), weshalb Sie Flüsse voller Piranhas nachts überqueren sollten.

Achtung!

- Piranhas kommen in tropischem Süßwasser vor. In freier Wildbahn gibt es sie nur in Südamerika, in langsam fließenden Flüssen, in Seen regelmäßig überschwemmter Gebiete und in toten Seitenarmen. Generell leben sie weder in Gebirgsseen noch -bächen; dort ist ihnen das Wasser zu kalt und fließt zu schnell.
- In der Regel greifen Piranhas Menschen oder andere große Tiere nicht an – außer, das Opfer ist bereits tot oder verletzt. Allerdings können sie in der Trockensaison, wenn das Futter knapp wird, aggressiver werden. Manchmal opfern Viehzüchter ein ohnehin krankes oder verletztes Tier, wenn sie mit ihrer Herde einen Fluss voller Piranhas überqueren müssen. In diesem Fall führen Sie das Opfertier in den Fluss, bevor sie den Rest der Herde mehr flussaufwärts ins Wasser treiben.

Versorgung von Amputationswunden

❶ **Suchen Sie am Arm- bzw. Beinstumpf nach durchtrennten Arterien.**
Arterien bluten in pulsierenden Stößen.

❷ **Drücken Sie die großen Arterien zu, die am stärksten bluten.**
Die Brachialarterie im Arm und die Femoralarterie im Bein versorgen die jeweiligen Gliedmaßen mit Blut. Diese dicken Adern müssen Sie auf jeden Fall finden. Irgendjemand (das Opfer oder eine andere Person) sollte die Arterie weiter zudrücken, während Sie den nächsten Schritt ausführen.

❸ **Legen Sie eine Aderpresse an.**
Nehmen Sie einen mindestens drei Zentimeter breiten Stoffstreifen und binden Sie ihn um den Stumpf, und zwar so nahe wie möglich am Ende des Stumpfs. Die Schlaufe darf nicht vom Stumpf rutschen, wenn Sie sie zuziehen. Binden Sie die Aderpresse einigermaßen fest, ziehen Sie sie aber noch nicht zu fest. Denn damit könnten Sie überlebensfähiges Gewebe zerstören. Ziehen Sie die Aderpresse also nur so fest, dass die restliche Blutung weitgehend gestoppt wird. Drücken Sie die Arterien weiterhin zu.

❹ **Binden Sie die Enden aller Blutgefäße ab, die vorher zugedrückt werden mussten.**
Nehmen Sie dazu Angelschnur (am besten!), Zahnseide

oder stabilen Faden. Verwenden Sie eine Nähnadel, so vorhanden, und binden Sie die Arterien sorgfältig ab. Führen Sie die Schnur vollständig um das zugedrückte Blutgefäß, so weit oben an der Ader wie möglich. Ziehen Sie den ersten Knoten fest zu und sichern Sie ihn mit mehreren weiteren Knoten. Binden Sie die Ader am besten an zwei Stellen ab, für den Fall, dass der Faden sich an einer Stelle löst oder reißt.

❺ **Säubern Sie den Stumpf gründlich.**

Vermeiden Sie eine Infektion, wenn irgend möglich!

- Entfernen Sie alle Fremdkörper aus der Wunde.
- Trennen Sie zerstörte Gewebefetzen ab, die noch am Stumpf hängen. Verwenden Sie dazu ein Messer oder eine Schere.
- Waschen Sie die Wunde, spülen Sie sie mit viel Wasser aus.

❻ **Lockern Sie die Aderpresse.**

Jetzt zeigt sich, ob die Knoten um die Adern halten und ob Sie noch weitere Adern abbinden müssen. Blutet die Wunde nur noch leicht, dann war die Operation erfolgreich, die Aderpresse kann entfernt werden. Halten Sie die Aderpresse nicht länger als 90 Minuten zugezogen, sonst zerstören Sie unnötig Gewebe am Stumpf.

❼ **Verbinden Sie den Stumpf.**

Schmieren Sie das Ende des Stumpfs mit irgendeiner antibiotisch wirkenden Salbe ein (zum Beispiel Bacitracin, Polymyxin oder Mupirocin). Verbinden Sie es dann straff mit sauberem Stoff oder einer Mullbinde. Elastische Binden helfen dabei, den Verband auf das Stumpfende zu drücken. Je straffer der Verband anliegt, desto geringer ist die Chance auf anhaltende Blutungen.

❽ **Heben Sie den Stumpf so weit wie möglich an.**
Die Schwerkraft hilft, die Blutung zu vermindern.

❾ **Legen Sie einen Eisbeutel auf den Verband.**

❿ **Seien Sie darauf vorbereitet, jederzeit wieder eine Aderpresse anzulegen, falls die Wunde erneut heftig zu bluten beginnt.**

⓫ **Lindern Sie die Schmerzen des Opfers und behandeln Sie den wegen des Blutverlusts eingetretenen Schock.**
Verwenden Sie dafür jedes greifbare Schmerzmittel. Verabreichen Sie dem Opfer Fleisch oder salzhaltige Flüssigkeit (z.B. Hühnerbrühe) gegen den Schock. Dies wird ihm helfen, Plasma und Hämoglobin zu ersetzen.

Konservierung der abgetrennten Gliedmaßen

❶ **Waschen Sie das abgetrennte Körperglied vorsichtig mit Wasser.**

❷ **Umwickeln Sie es mit einem sauberen, feuchten Tuch.**

❸ **Packen Sie es in wasserdichtes Material (z.B. eine Plastiktüte).**

❹ **Halten Sie es gekühlt.**
Frieren Sie es aber nicht ein! Einfrieren zerstört Gewebe. Legen Sie das Körperglied in eine Kühlbox voll Eis oder in einen Kühlschrank.

Waschen Sie das abgetrennte Körperglied vorsichtig, umwickeln Sie es mit einem sauberen, feuchten Tuch, packen Sie es in wasserdichtes Material und legen Sie es auf Eis.

5 Fahren Sie sofort in das nächstgelegene Krankenhaus.

Ein gut konserviertes Körperglied kann noch bis zu sechs Stunden später wieder angenäht werden.

Achtung!

- Die Amputation eines Körperglieds muss nicht tödlich enden. Gehen Sie im Notfall die Probleme in dieser Reihenfolge an: Stillen Sie zuerst die starke Blutung aus den Arterien und verringern Sie dann die Blutung aus durchtrennten Venen. Lindern Sie dann den Schmerz und desinfizieren Sie die Wunde. Unmittelbare Lebensgefahr geht nur von dem starken Blutverlust aus, der innerhalb von Minuten zum Tod führen kann.
- Tauchen Sie das abgetrennte Körperglied nicht in Wasser; dies könnte ein späteres Annähen verhindern. Sie können es allerdings in einen wasserdichten Behälter legen und diesen in kaltem Wasser aufbewahren.

Entfernung eines Blutegels

❶ **Versuchen Sie nicht, den Blutegel einfach wegzureißen oder ihn mit Salz, Hitze oder Insektenspray zu vertreiben.**
Jeder Versuch in diese Richtung stört den Blutegel beim Fressen und bringt ihn zum Erbrechen. Damit spült er Bakterien aus seinem Verdauungstrakt direkt in Ihre offene Wunde und verursacht eine Infektion.

❷ **Identifizieren Sie den vorderen (oralen) Saugnapf des Blutegels.**
Dieser liegt am schmalen Ende des Tiers! Begehen Sie nicht den häufigen Fehler, den breiten hinteren Saugnapf für den Kopf zu halten.

❸ **Setzen Sie Ihren Fingernagel unmittelbar neben den vorderen Saugnapf auf Ihre Haut (nicht auf den Blutegel).**

❹ **Bewegen Sie Ihren Finger langsam, aber entschlossen Richtung Blutegel über die Haut und schieben Sie den vorderen Saugnapf zur Seite weg.**
Der Blutegel hört zu saugen auf, sobald die feste Verbindung zwischen Saugnapf und Haut getrennt wird. Danach versucht der Kopf des Egels sofort, sich wieder festzusaugen. Möglicherweise schafft er es, sich am Finger festzusaugen, der ihn zur Seite geschoben hat. Doch selbst dann fängt der Egel nicht sofort wieder zu fressen an.

❺ **Lösen Sie den hinteren Saugnapf.**
Stören Sie den Kopf regelmäßig mit einem Finger und

lösen Sie mit der anderen Hand gleichzeitig den hinteren Saugnapf. Schieben Sie mit einem Fingernagel dagegen oder heben Sie das hintere Ende mit einem Stöckchen von der Haut.

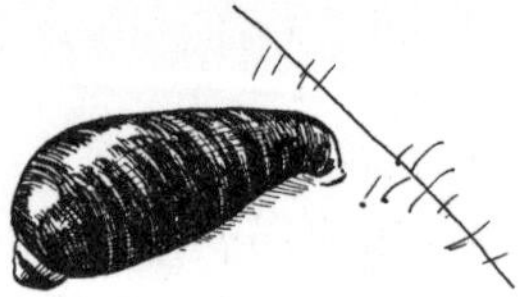

Identifizieren Sie den vorderen Saugnapf – das schmale Ende des Blutegels.

Setzen Sie Ihren Fingernagel unmittelbar neben den vorderen Saugnapf.

Schieben Sie den Blutegel zur Seite, um die Verbindung zwischen Mund und Bissstelle zu lösen.

Stören Sie den Kopf regelmäßig mit einem Finger und lösen Sie mit der anderen Hand gleichzeitig den hinteren Saugnapf.

❻ Entfernen Sie den Blutegel.

Dieser hat sich mittlerweile eventuell fest an den Finger gesaugt, mit dem Sie ihn von der Haut entfernt haben. Schnipsen Sie ihn weg, er sollte ganz leicht abgehen. Sobald Sie den Egel entfernt haben, können Sie

Salz auf ihn streuen oder mit Insektenspray besprühen. Das verhindert, dass er sich wieder irgendwo festsaugt.

❼ **Behandeln Sie die Wunde.**
Sobald die Gerinnungshemmer des Blutegels ihre Wirkung verlieren, sollte die Wunde schnell verheilen. Halten Sie die Wunde sauber und verbinden Sie sie wenn nötig. Vermeiden Sie zu kratzen. Nehmen Sie Antihistamine, falls der Juckreiz zu stark wird.

Entfernung aus den Luftwegen

Wenn ein Blutegel durch eine Körperöffnung in die Atemwege eingedrungen ist, droht Ihnen ernsthafte Gefahr. Besonders die Dinobdella ferox (wörtlich: wilder Blutegel) hat eine Vorliebe für Atemwege, die sie unter Umständen verstopft, was zu Erstickung führen kann. Die Gefahr des Erstickens ist am größten, wenn mehrere Blutegel gleichzeitig in den Atemweg gelangt sind. Versuchen Sie nicht, einen Blutegel zu entfernen, der in Ihren Atemweg eingedrungen ist, solange Sie noch atmen können. Suchen Sie stattdessen sofort den nächsten Arzt auf. Falls Sie nicht mehr atmen können, machen Sie Folgendes:

❶ **Gurgeln Sie mit verdünntem Schnaps.**
Nehmen Sie einen hochprozentigen Schnaps (Wodka, Gin, Bourbon, Whisky o. Ä.), verdünnen Sie ihn mit der gleichen Menge Wasser und gurgeln Sie. Vorsicht! Atmen Sie dabei nicht ein!

❷ **Spucken Sie den Blutegel aus.**

Alternative

Wenn Gurgeln nichts hilft und Sie den Blutegel sehen können, entfernen Sie ihn, indem Sie den hinteren Saugnapf anfassen und kräftig daran ziehen.

Achtung!

- Es besteht praktisch kein Risiko, durch den Biss eines Blutegels viel Blut zu verlieren. Die Wunde blutet zwar noch eine Weile, nachdem der Blutegel fertig gesaugt hat, aber ein solcher Blutverlust ist ungefährlich.
- Soweit bisher bekannt ist, übertragen Blutegel keine Blutparasiten auf den Menschen.
- Blutegel treten eher in ruhenden als in fließenden Gewässern auf und eher in den Uferbereichen von sauberen, klaren Gewässern als in Sümpfen.
- Blutegel benötigen eine feste Oberfläche, an der sie sich festsaugen können, auch wenn sie nicht fressen. Am besten umgehen Sie die Parasiten, indem Sie in offenem, tiefem Wasser schwimmen. Halten Sie sich von Bootsanlegestellen fern und waten Sie nicht durch Wasser, auf dessen Grund Äste und Steine liegen. Bleiben Sie im Dschungel auf den Wegen, und achten Sie auf Blutegel, die von überhängenden Ästen oder Schlingpflanzen auf Sie herunterfallen könnten.
- Blutegel verfügen über unglaublich scharfe Sinne, egal, ob die Art im Wasser oder an Land lebt. Sie werden von Vibrationen und Körperwärme angezogen und haben zehn Augenpaare, um Bewegungen wahrzunehmen. Bleiben Sie in Bewegung und suchen Sie sich und Ihre Reisegefährten regelmäßig nach Parasiten ab.

Anhang

Allgemeine Reisetipps

★ **Vorsorge für den Notfall**

Schreiben Sie auf eine Visitenkarte, wer in einem Notfall verständigt werden soll. Haben Sie diese Visitenkarte immer im Geldbeutel. Notieren Sie dort die Namen Ihrer Ärzte und Ihres nächsten Angehörigen. Geben Sie diesem Angehörigen vor Reiseantritt alle Details Ihrer Route und die Namen der Hotels, in denen Sie übernachten werden.

★ **Dringende Bedürfnisse**

Suchen Sie das nächstgelegene große Hotel auf, wenn Sie dringend eine Toilette benötigen. Die meisten Hotels haben nahe der Eingangshalle Toiletten, die sauber und gepflegt sind. Große und teuere Hotels verfügen darüber hinaus über weitere Einrichtungen, die für jeden Reisenden interessant sind: Telefone, Faxgeräte, Computer mit E-Mail-Anschluss. Meist können auch Reisende, die nicht in diesen Hotels wohnen, diese Einrichtungen gegen Gebühr benutzen.

★ **Erneuerung des Make-ups**

Kaufhäuser eignen sich hervorragend, um sich dort frisch zu machen oder das Make-up zu erneuern. Gehen Sie einfach zu den Kosmetikständen, wo Sie eine ganze Proben-Palette von Lippenstiften, Make-up-Produkten und Parfümflakons finden.

★ **Nach einer Taxifahrt**

Lassen Sie beim Aussteigen aus einem Taxi die Tür offen, wenn Sie noch Taschen aus dem Kofferraum holen müssen. So verhindern Sie, dass das Taxi davonfährt, bevor Sie ausgeladen haben.

★ **Verstecke**

Büstenhalter mit herausnehmbaren Einlagen oder Tamponschachteln sind großartige Verstecke für Geld. Die meisten Diebe werden davor zurückschrecken, so weit in Ihre Privatsphäre einzudringen.

Packtipps

★ **Gepäck-Markierungen**

Geben Sie jedem Ihrer Gepäckstücke ein einzigartiges Aussehen. Binden Sie zum Beispiel ein Tuch um einen Griff oder kaufen Sie einen farbigen Gepäckanhänger. Koffer ähneln sich oft; und auch wenn *Sie* Ihre Koffer von anderen unterscheiden können, gelingt das nicht jedermann. Auffällige Markierungen am Koffer helfen Ihnen auch, Ihr Gepäck schon aus der Ferne zu beobachten. Verschließen Sie Reißverschlüsse an Ihrem Gepäck nicht mit Schlössern, sondern mit Plastikstreifen. Auch sie sind alles andere als unfehlbar, schrecken aber möglicherweise Diebe ab, die nach einfach zu öffnenden Taschen suchen.

★ **Bordgepäck**

Packen Sie alle Dinge, die Sie während der Reise und bei der Ankunft brauchen, in das Bordgepäckstück. Unbedingt dazu gehören Medikamente, Toilettenartikel und ein zweiter Satz Kleidung (zumindest Unterwäsche zum Wechseln). Nehmen Sie auch alle Dinge mit ins Handgepäck, die nur schwer ersetzt werden könnten, wenn sie verloren gingen. Auch wertvolle Gegenstände (Uhren, Fotoapparate etc.) gehören ins Handgepäck, da die Airlines keinen angemessenen Schadenersatz leisten, sollte ein Gepäckstück verloren gehen, sondern nur eine Pauschale pro Kilo oder eine Maximalsumme von 1000 Dollar bezahlen. Reisen Sie mit Freunden, dann geben Sie einem Freund die Hälfte Ihrer Kleidung und packen Sie im Gegenzug die Hälfte seiner Kleidung in Ihren Koffer. Auf diese Weise haben Sie zumindest die Hälfte Ihrer Kleidung, wenn ein Koffer verloren geht.

★ **Richtiges Packen empfindlicher Kleidungsstücke**
Packen Sie Ihre feinen Kleidungsstücke zwischen Plastiksäcke, wie sie in chemischen Reinigungen verwendet werden. Damit verhindern Sie ein Verknittern. Kleinere Kleidungsstücke verpacken Sie am besten in Zip-Lock-Taschen; dort bleiben sie glatt.

★ **Platz schaffen im Koffer**
Stellt sich Ihr Koffer beim Packen als zu klein heraus, vergrößern Sie seine Kapazität dadurch, dass Sie ihn schließen und ein paar Mal auf den Boden fallen lassen. Dadurch wird der Inhalt komprimiert und es entsteht freier Platz im Koffer.

★ **Tarnung für teure Ausrüstungsgegenstände**
Wertvolle elektronische Geräte (Kameras, Fotoapparate, Laptops etc.) schützen Sie effektiv, indem Sie sie in eine Windel- oder Babytasche packen statt in die auffällige Originaltasche. Windeltaschen laufen weniger Gefahr, gestohlen zu werden – und haben eine Menge praktischer Extrafächer.

★ **Überfall-Geldbörse**
Tragen Sie immer eine »Überfall-Geldbörse« mit sich, deren Verlust sich verschmerzen lässt. Darin sollte sich ein kleiner Geldbetrag befinden, ein Ausweis mit Foto (aber nicht Führerschein oder Pass) und Reservekreditkarten. Bestreiten Sie die kleinen Ausgaben tagsüber aus dieser Geldbörse, stellen Sie sich aber darauf ein, sie im Fall eines Überfalls ohne Umstände herauszugeben.

Umwickeln Sie sie mit einem Gummiband und stecken Sie sie quer (statt hochkant) in eine der vorderen Hosentaschen. So bemerken Sie jeden Versuch, sie zu stehlen.

Tipps für Flugreisen

★ **Die besten Sitze**

Die besten Sitze in der Economy Class liegen an den Notausgängen und in den Reihen direkt hinter Trennwänden in der Kabine. Diese Sitze werden beim Einchecken nach dem »Wer zuerst kommt...-Verfahren« vergeben, seien Sie also rechtzeitig am Flughafen. Darüber hinaus gehören die Sitze direkt an den Notausgängen offensichtlich auch zu den sichersten im Flugzeug: Der Notausgang liegt direkt vor Ihrer Nase.

★ **Upgrades**

Um in einer besseren Klasse befördert zu werden, müssen Sie unter Umständen nur am Eincheck-Schalter oder sogar erst im Flugzeug darum bitten. Halten Sie die Mitgliedsnummer Ihres Vielflieger-Programms bereit und bitten Sie die Person am Eincheck-Schalter um ein »Standby für ein Upgrade in die Business Class oder die erste Klasse«. Funktioniert das nicht, so können Sie versuchen, das Bordpersonal zu bezirzen. Manche Reisende nehmen sogar kleine Geschenke mit (Kekse, Donuts a. Ä.), mit denen sie sich bei den Stewards und Stewardessen einschmeicheln. Manchmal bekommen auch Leute ein Upgrade, die freiwillig den Platz wechseln, damit andere Passagiere zusammensitzen können. Seien Sie aber nicht lästig, sondern nett!

★ **Annullierungen**

Wenn Ihr Flug annulliert wird oder so spät startet, dass Sie Ihren Anschlussflug verpassen, buchen Sie am besten um, indem Sie die Airline oder Ihr Reisebüro anrufen. Damit ersparen Sie sich das unvermeidliche Gedrängel vor dem Schalter der Airline. Alternativ können Sie auch zu den weiter entfernt liegenden Schaltern der Fluglinie in der Eingangshalle des Flughafens gehen, dort wird weniger Andrang herrschen.

Eine weitere Alternative besteht darin, Ihr Ticket auf eine andere Linie umschreiben zu lassen, die günstigere Verbindungen anbietet. Prüfen Sie, ob eine Konkurrenzlinie zu einer für Sie weitaus günstigeren Zeit fliegt – und ob in dieser Maschine noch Plätze frei sind. Setzen Sie sich dann mit Ihrer Airline oder Ihrem Reisebüro in Verbindung, und bestehen Sie darauf, dass Ihr Ticket auf die andere Fluglinie umgeschrieben wird. Achten Sie darauf, dass auch Ihr Gepäck mit der richtigen Maschine fliegt.

★ Jetlag

Jetlag bekämpfen Sie am effektivsten, indem Sie vor, während und nach dem Flug viel Wasser trinken. Bewegen Sie sich vor dem Flug viel, essen und schlafen Sie ausgiebig. Vermeiden Sie Zigaretten und Alkohol und essen Sie während des Flugs nur mäßig. Nehmen Sie ein kleines (aufblasbares) Kissen mit an Bord, um bequemer zu schlafen.

Tipps für das Hotel

★ **Zimmer-Upgrade**
Wenn Sie ein Zimmer reserviert haben, dieses aber bei Ihrer Ankunft nicht verfügbar ist, bietet das eine gute Gelegenheit, ein Zimmer einer besseren Kategorie zum gleichen Preis zu verlangen. Zögern Sie auch nicht, sich über kaputte Toilettenspülungen, tropfende Wasserhähne oder schlechten Zimmerservice zu beschweren – ist das Problem behoben, wohnen Sie angenehmer, außerdem können Sie nach Beschwerden möglicherweise einen Rabatt aushandeln.

★ **Zurückfinden zum Hotel**
Nehmen Sie ein Zündholzbriefchen, eine Karte oder eine Broschüre mit Name und Adresse Ihres Hotels mit, wenn Sie auf die Straße gehen und die Landessprache nicht sprechen. Zeigen Sie diesen Gegenstand vor, wenn Sie nach dem Weg fragen oder sich von einem Taxi nach Hause fahren lassen.

★ **Sicherheit**
Hängen Sie nie das Schild »Bitte Zimmer aufräumen« an Ihre Zimmertür – damit verraten Sie jedem, dass Sie abwesend sind. Das Zimmermädchen wird ohnehin in Ihr Zimmer sehen und dort aufräumen.

★ **Trocknen von Kleidung**
Hängen Sie nasse Kleidung zum Trocknen auf einem Bügel in das Badezimmer und lassen Sie das Licht an. Am nächsten Morgen sollte die Kleidung trocken sein.

★ **Verbesserung des Raumklimas**
In neueren Hotels lassen sich meist die Fenster nicht öffnen. Das Ventilationssystem bläst oft aber sehr trockene Luft in den Raum. Hängen Sie deshalb vor dem Zubettgehen ein nasses Handtuch über einen Stuhl; das verhindert, dass Sie durstig und mit trockenem Mund aufwachen. Lassen Sie das untere Ende des Handtuchs in einen Mülleimer hängen, um Wasserflecken auf dem Boden zu vermeiden.

Tipps für Reisen in gefährliche Regionen

★ **Erkundigen Sie sich vor der Abreise nach möglichen Gefahren.**
Das Auswärtige Amt informiert auf seiner Internet-Seite www.auswaertiges-amt.de unter der Rubrik Reisewarnungen über aktuelle Entwicklungen in allen Teilen der Welt.

★ **Fotos zur Identifizierung**
Vergewissern Sie sich, dass Ihre Reisegefährten jeweils Farbfotos der anderen Reiseteilnehmer haben. Damit erleichtern Sie die Identifizierung bzw. Suche, wenn irgendetwas passiert. Tragen Sie auch immer eine Kopie Ihres Passes und Ihrer Kreditkartennummern in einem sicheren Versteck bei sich.

★ **Kleidung**
Ziehen Sie sich zurückhaltend an und verzichten Sie auf alle offensichtlichen Zeichen von Reichtum (Designerkleidung, goldene Uhren, teurer Schmuck, Fotoapparate, CD-Spieler usw.).

★ **Fotografieren**
Bitten Sie um Erlaubnis, bevor Sie jemanden fotografieren. Versuchen Sie nicht, heimlich Leute zu knipsen. Machen Sie keine Fotos von militärischen Anlagen, Regierungsgebäuden, Frauen, Kranken oder Alten.

Kleines Glossar für den Notfall

In Notfällen hilft es immer enorm, wenn man die Landessprache beherrscht. Natürlich können wir auf begrenztem Raum keinen Schnell-Sprachkurs bieten, haben aber die allerwichtigsten Sätze auf Englisch, Spanisch, Französisch und Japanisch (transkribiert) übersetzt. Auch wenn keine dieser Sprachen die örtliche Landessprache ist, wird man Sie schon irgendwie verstehen, wenn Sie die wichtigsten Phrasen kennen.

★ **Hilfe!**
Help! (Englisch)
¡Socorro! (Spanisch)
Au secours! (Französisch)
Tasukete! (Japanisch)

★ **Haltet den Dieb!**
Stop, thief!
¡Alto, ladrón!
Arrêtez-vous, voleur!
Mate, dorobô!

★ **Lauf!**
Run!
¡Corre!
Courez!
Nigero!

★ **Gibt es einen Arzt/Piloten/Anwalt im Haus?**
Is there a doctor/pilot/lawyer in the building?
¿Hay un médico/piloto/abogado en este edificio?
Y a-t-il un médecin/pilote/avocat dans le bâtiment?
Kono biru no naka ni isha/pairotto/bengoshi wa imasuka?

★ **Guten Tag, ich bin schwer verletzt.**
Hello, I have been seriously wounded.
Hola, tengo una lesión grave.
Bonjour, je suis sérieusement blessé(e).
Konnichiwa, watashi wa ôkega wo shite imasu.

★ **Ich blute stark.**
I am bleeding profusely.
Estoy sangrando mucho.
Je saigne abondamment.
Watashi wa obitadashiku chi ga dete imasu.

★ **Darf ich Ihren Gürtel als Aderpresse benutzen?**
May I use your belt as a tourniquet?
¿Podría yo usar su cinturón para un torniquete?
Je peux utiliser votre ceinture comme tourniquet?
Anata no beruto wo karite shiketsutai ni shitemo iidesuka?

★ **Darf ich ein Handtuch borgen, um das Blut abzuwischen?**
May I borrow a towel to wipe up the blood?
¿Me presta una toalla para limpiar la sangre?
Je peux emprunter une serviette pour éponger le sang?
Taoru wo karite chi wo fuite mo iidesuka?

★ **Würden Sie mich bitte in ein sauberes Krankenhaus bringen?**
Would you please take me to a clean hospital?
¿Me podría llevar a un hospital bueno?
Pourriez-vous m'emmener à un hôpital propre, s'il vous plaît?
Kirei na byôin ni tsurete itte kudasai masuka?

★ **Kann ich das gefahrlos essen?**
Is this safe to eat?
¿Se puede comer sin peligro?
On peut manger ceci sans danger?
Kore wo tabetemo daijôbu desuka?

★ **Warum ist das Wasser braun/grün/schwarz?**
Why is the water brown/green/black?
¿Por qué es turbio/verde/negro el agua?
Pourquoi l'eau est-elle brune/verte/noire?
Kono mizu wa dôshite chairoin desuka/midori iro nandesuka/kuroin desuka?

★ **Was für Fleisch ist das?**
What kind of meat is that?
¿Qué tipo de carne es está?
Quel type de viande est-ce que c'est?
Kore wa nanno niku desuka?

★ **Es tut mir Leid, ich wollte Sie nicht beleidigen.**
I am sorry, I did not mean to offend you.
Lo siento, no quise ofenderlo/ofenderla.
Je suis désolé(e), je ne cherchais pas à vous offenser.
Gomennasai, anata no kibun wo gaisuru tsumori wa arimasen deshita.

★ **Verletzen Sie mich bitte nicht.**
Please don't injure me.
Por favor, no me lastime.
Ne me blessez pas, s'il vous plaît.
Watashi wo itai me ni awasenaide kudasai.

★ **Ärgern Sie mich nicht!**
Do not make me angry.
¡No me enoje!
Ne me fachez pas!
Okoraseruna yo.

★ **Ich will Ihnen nicht wehtun.**
I do not wish to hurt you.
No le quiero hacer daño.
Je n'ai pas l'intention de vous blesser.
Anata wo itai me ni awasetaku arimasen.

★ **Blutet es stark?**
Is it bleeding much?
¿Está sangrando mucho?
Ça saigne beaucoup?
Chi wa takusan dete imasuka?

★ **Bitte verzeihen Sie mir und akzeptieren Sie dieses Geld/diese Kamera/diese Uhr als Geschenk.**
Please forgive me and accept this money/camera/watch as a gift.
Disculpe, por favor, y accepte este dinero/esta cámara/este reloj como regalo.
Pardonnez-moi et veuillez accepter cet argent/cet appareil-photo/cette montre comme cadeau.

Kono okane/kamera/tokei wo owabi no shirushi toshite uketotte watshi wo yurushite kudasai.

★ **Wo ist die nächste Botschaft/der nächste Flughafen/das nächste Krankenhaus/die nächste Polizeidienststelle?**
Where is the nearest embassy/airport/hospital/police station?
¿Dónde está la embajada/el aeropuerto/el hospital/la estación de policía mas cercano/cercana?
Où se trouve l'ambassade/l'aeroport/l'hôpital/la gendarmerie le/la plus proche?
Ichiban chikai taishikan/kûkô/byôin/kôban wa dododesuka?

★ **Ja, ich habe meine Papiere bei mir.**
Yes, I have my papers.
Sí, tengo mis documentos.
Oui, j'ai mes papiers.
Hai, shorui wo motteimasu.

★ **Wo sind Ihre Papiere?**
Where are your papers?
¿Dónde están tus documentos?
Où sont vos papiers?
Anata no shorui wa dokodesuka?

★ **Das werde ich Ihnen nicht sagen.**
I'm not going to tell you.
No se lo voy a decir.
Je ne vous dirai pas.
Anata niwa oshiemasen.

★ **Wissen Sie, wo ich mich verstecken kann?**
Do you know a place where I can hide?
¿Sabe usted dónde puedo esconderme?
Vous connaissez un endroit où je peux me cacher?
Dokoka watashi ga kakure rareru tokoro wo shitte imasuka?

★ **Wie schnell kann dieses Auto fahren?**
How fast can this car go?
¿A cuánta velocidad puede ir este coche?
A quelle vitesse cette voiture peut-elle rouler?
Kono kuruma wa doregurai hayaku hashiremasuka?

★ **Wie schnell können Sie mich von hier wegbringen?**
How quickly can you leave?
¿Se puede ir lo más pronto posible?
En combien de temps pouvez-vous partir au plus vite?
Doregurai hayaku deraremasuka?

★ **Wie weit ist es bis zur Grenze?**
How far is it to the border?
¿A qué distancia está la frontera?
C'est quelle distance à la frontière?
Kokkyô made doregurai desuka?

★ **Sie werden mich nie zum Sprechen bringen.**
You will never make me talk.
Usted nunca me hará hablar.
Vous ne me ferez jamais parler.
Zettai watashi wo shaberaseru koto wa dekinai.

Über die Experten

Vorwort
David Concannon ist Mitglied und Vorstand des Rechtsausschusses des Explorers Club und hat vier Kontinente ausführlich bereist, oft mit großem Erfolg. Mitte des Jahres 2000 tauchte er mit einem U-Boot dreimal zum Wrack der Titanic hinunter, auf 3750 Meter unter dem Meeresspiegel.

Kapitel 1: Anreise

★ **Anhalten eines durchgehenden Kamels**
Quelle: Philip Gee veranstaltet Kamel-Safaris durch den australischen Outback. Seine Firma heißt Explore the Outback und ist unter www.austcamel.com.au/explore.htm im Internet zu finden.

★ **Stoppen eines führerlosen Zugs**
Quelle: Tom Armstrong verfügt über 25 Jahre Berufserfahrung mit Eisenbahnen. Seit 1977 ist er Lok-Ingenieur und hat als Accident Prevention Coordinator (Koordinator für Unfall-Vorbeugung) für die Canadian Pacific Railway gearbeitet. Er lebt in Saskatoon.

★ **Anhalten eines Autos ohne Bremsen**
Quelle: Vinny Minchillo ist Crash-Car-Pilot und schreibt für eine Reihe von Automobilzeitschriften, darunter AutoWeek, SportsCar und Turbo. Wenn er nicht gerade Autos demoliert, arbeitet er als Creative Director einer Werbeagentur in Dallas.

★ **Anhalten eines durchgehenden Pferdes**
Quelle: John und Kristy Milchick züchten und dressieren in den Hideaway Stables, einer Pferdefarm in Kentucky, ihre eigenen Rassepferde. Daneben veröffentlichen sie Artikel über Pferdepflege und -dressur, nachzulesen auf ihrer Website www.hideawayhorses. com.

★ **Notwasserung eines Flugzeugs**
Quelle: Der Fluglehrer Arthur Marx war über zwanzig Jahre lang Pilot und besitzt die Firma Flywright Aviation, die Flugschüler ausbildet und auf Martha's Vineyard einen Flugdienst für Firmen anbietet. Er besitzt die ATP-Lizenz und darf ein- und mehrmotorige Flugzeuge steuern. Der Buschpilot Tom Claytor unternahm einen Soloflug um die Welt (nachzulesen unter www.claytor.com), ist Mitglied des Explorers Club und Preisträger des Rolex Award for Enterprise 1993.

★ **Überleben eines Flugzeugabsturzes**
Quelle: William D. Waldock ist Professor for Aeronautical Science an der Embry-Riddle Aeronautical University und stellvertretender Direktor des Center for Aerospace Safety Education am ERAU-Prescott (Arizona). Er hat über 200 Unfallanalysen und 75 Felduntersuchungen durchgeführt, managt das Robertson Aviation Safety Center und fliegt seit über 20 Jahren ein Kleinflugzeug.

Kapitel 2: Soziale Fähigkeiten

★ **Verhalten während einer Rebellion**
Quelle: Der Chefberater von Real World Rescue muss aus nahe liegenden Gründen anonym bleiben; er hat

über 20 Jahre Erfahrung mit Spezialoperationen und Anti-Terror-Einsätzen. Real World Rescue ist ein kleines Unternehmen, das bei riskanten Reisen für die Sicherheit seiner Klienten sorgt. Das Unternehmen schult Eliteeinheiten der amerikanischen Regierung auf den Gebieten Internationaler Terrorismus und Überleben in der Dritten Welt. Sie finden die Website unter www.realworldrescue.com.

★ **Überleben als Geisel**
Quelle: der Chefberater von Real World Rescue.

★ **Verhalten bei Bestechung**
Quelle: Jack Viorel ist Lehrer und hat in etlichen Ländern Mittel- und Südamerikas gewohnt. Momentan lebt er in Nordkalifornien.

★ **Abwehr eines Trickbetrügers**
Quelle: Steve Gillick ist geschäftsführender Vorsitzender des Canadian Institute of Travel Counselors-Ontario und Autor der Broschüren *Defining Travel Common Sense* und *Son of Scam*, die man über www.citcontario.com erwerben kann.

★ **Vereitlung einer Entführung durch Aliens**
Quelle: Die Society for the Preservation of Alien Contact Evidence and Geographic Exploration (SPACEAGE) versteht sich als Archiv für sämtliche UFO-Sichtungen in Amerika. Die Gesellschaft hat folgendes Buch herausgegeben: *UFO USA: A Traveler's Guide to UFO Sightings, Abduction Sites, Crop Circles and Other Unexplained Phenomena*.

★ **Überleben eines Raubüberfalls**
Quelle: George Arrington gibt seit über 25 Jahren Selbstverteidigungskurse. Er hat den schwarzen Gürtel vierten Grades in Jiu-Jitsu und beherrscht darüber hinaus noch Karate, Aikido, T'ai Chi Chuan, Pa Kua und Hsing-I.

★ **Verfolgung eines Diebes**
Quelle: Robert Cabral lehrt Selbstverteidigung und ist Gründer der International Academy of Martial Arts in Los Angeles. Er hat Polizeibeamte in Selbstverteidigungstaktik ausgebildet und zehn Jahre als Bodyguard in Hollywood gearbeitet. Brad Binder ist Vizepräsident von W.R. Associates, Inc., einer Sicherheitsfirma in Wisconsin. Er hat früher als Privatdetektiv und Bodyguard gearbeitet und berät heute Firmen und Privatleute in Sicherheitsfragen.

★ **Abschütteln eines Verfolgers**
Quelle: Robert Cabral, Brad Binder.

Kapitel 3: Unterwegs

★ **Sprung von Dach zu Dach**
Quelle: Der Stuntman Christopher Caso hat für etliche Filme Stunt-Sprünge aus großer Höhe arrangiert bzw. selbst durchgeführt, zum Beispiel für *Batman und Robin*, *Jurassic Park* und *The Crow: City of Angels.*

★ **Sprung von einem fahrenden Zug**
Quelle: Christopher Caso.

★ **Entkommen aus einem Auto, das über dem Abgrund hängt**
Quelle: Christopher Caso.

★ **Befreiung aus Fesseln**
Quellen: Tom Flanagan (»The Amazing Flanagan«), Magier und Entfesselungskünstler. *The Book of Survival* von Anthony Greenburg.

★ **Durchbrechen eines Tores mit dem Auto**
Quelle: Vinny Minchillo.

★ **Entkommen aus dem Kofferraum eines Autos**
Quelle: Janette E. Fennell, Gründerin von TRUNC, einer gemeinnützigen Organisation, die sich dafür einsetzt, dass Kinder und Erwachsene sicher aus Kofferräumen entkommen können.

★ **Überleben eines Sturzes auf U-Bahn-Gleise**
Quelle: Joseph Brennan ist Autor von *The Guide to Abandoned Subway Stations*. Sie finden ihn unter www.columbia.edu/~brennan. Er arbeitet an der Academic Technologies Group der Academic Information Systems an der Columbia-Universität mit.

★ **Überleben eines Fahrstuhlabsturzes**
Quellen: Jay Preston ist Berater für Anlagensicherheit und Spezialist für forensisches Sicherheitsdesign. Er war Präsident der American Society of Safety Engineers in Los Angeles.
Larry Holt ist Senior Consultant bei Elcon Elevator Controls and Consulting in Prospect (Connecticut).

Kapitel 4: In freier Wildbahn

★ **Überleben im Dschungel**
Quelle: Die Survival-Experten Jeff Randall und Mike Perrin leiten die Firma Randall's Adventure and Training (www.jungletraining.com), die Extremexpeditionen führt und Dschungeltrainings in Mittelamerika und dem Amazonasgebiet anbietet. Beide haben einen Abschluss der Dschungel-Überlebensschule des peruanischen Militärs.

★ **Orientierung ohne Kompass**
Quellen: Jeff Randall und Mike Perrin, *The U.S. Army Survival Manual.*

★ **Herausklettern aus einem Brunnen**
Quelle: Der Arzt Dr. Andrew P. Jenkins, WEMT, ist Professor für Community Health and Physical Education an der Central Washington University und Spezialist für die Gebiete Trainingsphysiologie, Notfallmedizin und Bergrettung. Früher war er Vorsitzender der Bergrettungs-Vereinigung (Region Kalifornien) und hat den Grundkurs Bergsteigen des Sierra Club geleitet. John Wehbring gibt Bergsteiger-Kurse und ist Mitglied bei der Bergwacht San Diego. Jon Lloyd arbeitet als Adventure Consultant bei VLM Adventure Consultants in Großbritannien und bietet Abenteuer-Exkursionen für Einzelne, Jugendgruppen, Schulen und Unternehmen an (www.vlmadventureconsultants.co.uk).

★ **Umgehen von Minenfeldern**
Quelle: der Chefberater von Real World Rescue.

★ **Überleben in einer Kabbelung**
Quelle: National Weather Service, Miami. Dr. Robert Budman, Arzt und medizinischer Berater der Zeitschrift *Surfer*; Kalifornische Surf Life-Saving Accociation.

★ **Überleben eines Einbruchs ins Eis**
Quelle: Tim Smalley, Boating and Water Safety Coordinator des Minnesota Department of Natural Resources.

★ **Überleben in kaltem Wasser**
Quelle: Tim Smalley.

★ **Sturz in einen Wasserfall**
Quellen: Jon Turk, Autor des Buchs *Cold Oceans: Adventures in Kayak, Rowboat, and Dogsled*, www.coldoceans.com. Er hat die Nordwestpassage mit einem Kajak durchfahren, Baffin Island sowie die arktische Region Kanadas mit dem Hundeschlitten durchquert und das Kap Hoorn mit einem Kajak umschifft. Christopher Macarak ist Kajaklehrer und besitzt den Laden Paddle TraX in Crested Butte, Colorado.

★ **Überleben eines Vulkanausbruchs**
Quelle: Dr. Scott Rowland, Vulkanologe und Herausgeber des *Hawaii Center for Volcanology Newslettter* der U.S. Geological Society.

Kapitel 5: Nahrung und Schutz

★ **Überleben eines Hotelbrands**
Quelle: David L. Ziegler ist Präsident von Ziegler &

Associates, einer Sicherheitsberatungsfirma, die sich auf Feuer und die Untersuchung von Brandstiftung spezialisiert hat (www.ziegler-inv.com). Ziegler hat früher als Spezialist für Feuer, Brandstiftung und Sprengstoffe beim Federal Bureau of Alcohol, Tobacco & Firearms gearbeitet und ist lizenzierter Brandinspektor. John Linstrom ist geschäftsführender Vorstand des Fire & Emergency Television Network, das 240000 Rettungskräfte über Satellit, Video und Internet schult, informiert und weiterbildet. Er hat Abschlüsse in Fire Protection Administration und Fire Science, darüber hinaus ist er geprüfter Feuerwehrmann, Brandinspektor, Feuerwehrausbilder und Rettungshelfer.

★ **Wassersuche auf einer einsamen Insel**
Quellen: Das *U.S. Army Survival Manual.* Jean-Philippe Soule war Anführer der Central American Sea Kayak Expedition und früher Mitglied der französischen Elite-Gebirgstruppen. Benjamin Pressley hat Windsong Primatives gegründet, arbeitet als Herausgeber für die Zeitschriften *Wilderness Way* und *Backwoodsman* und ist Webmaster von www.perigree.net/~benjamin/index.htm.

★ **Aufbereitung von Wasser**
Quelle: Andrew P. Jenkins.

★ **Bau eines Unterschlupfs im Schnee**
Quelle: John Lindner, Direktor der Wilderness Survival School für den Colorado Mountain Club, ist darüber hinaus Übungsleiter im Snow Operations Training Center, das Angestellten von Versorgungsfirmen, Rettungsmannschaften und Regierungsbeamten Überlebenstechniken im Gebirge lehrt.

★ **Überleben eines Tsunamis**

Quelle: Dr. Eddie Bernard ist Direktor des Pacific Marine Environmental Laboratory, des Pacific Tsunami Warning Center, des National Tsunami Hazard Mitigation Program, des NOAA Tsunami Research Program und des International Tsunami Information Center. 1993 war er Leiter der amerikanischen Delegation, die die Schäden begutachtet hat, die von dem Tsunami im Japanischen Meer verursacht wurden.

★ **Überleben in einem Sandsturm**

Quellen: Thomas E. Gill ist Assistenzprofessor an der Fakultät Geosciences und Forscher am Wind Engineering Research Center der Texas Tech University. Jeffrey A. Lee lehrt als Assistenzprofessor an der Fakultät Economics and Geography der Texas Tech. Beide gehören der informellen Forschungsgruppe TWERPS an, die das Verhalten von Sand- und Staubstürmen untersucht. Darüber hinaus gehören sie dem Office of Meteorology, dem National Weather Service und dem U.S. Army Medical Research & Material Command an.

★ **Fischfang ohne Angel**

Quelle: Jean-Philippe Soule.

★ **Bau von Fallen**

Quelle: Der Überlebensexperte Ron Hood erhielt seine Ausbildung zunächst bei der U.S. Army und gab danach 20 Jahre lang Überlebenskurse. Aktuell produziert er gerade mit seiner Frau Karen Trainingsvideos zum Thema Überleben in der Wildnis.

Kapitel 6: Überleben und Weiterleben

★ **Abwehr einer Tarantel**

Quelle: Stanley A. Schultz ist Präsident der American Tarantula Society und Autor von *Tarantula Keeper's Guide, 2nd edition.* Er lebt mit seiner Frau Marguerite und etwa 350 Taranteln in Calgary.

★ **Behandlung eines Skorpionstichs**

Quelle: Dr. Scott Stockwell hat an der University of California in Berkeley in Insektenkunde promoviert, ist Major in der amerikanischen Armee, dient als medizinischer Entomologe für den Kampfeinsatz, berät die Truppen, wie mit Skorpionstichen umzugehen ist und wurde nach eigener Einschätzung von mehr Skorpionarten gestochen als jeder andere Mensch auf der Welt. Er ist in Fort Sam Houston (Texas) stationiert.

★ **Überquerung eines Flusses voller Piranhas**

Quellen: Paul Cripps ist Leiter von Amazonas Explorer, einer Organisation, die sich auf Abenteuerreisen in Peru und Bolivien spezialisiert hat. Cripps führt seit 13 Jahren Reisegruppen durch das Amazonasgebiet. Dr. David Schleser erforscht Piranhas und leitet Gruppen von Öko-Touristen durch das Amazonasgebiet. Er ist Autor des Buchs *Piranhas: Everything about Selection, Care, Nutrition, Diseases, Breeding, and Behavior (More Complete Pet Owner's Manuals)*. Barry Tedder ist Marine-Biologe und Experte für das Überleben im Dschungel. Er züchtet selbst Piranhas und hat sie am südlichen Amazonas studiert. Er dient in der Royal Navy von Neuseeland. Dr. Peter Henderson leitet die Pisces Conservation Ltd. in Lymington (England) und arbeitet seit über 20 Jahren mit Piranhas und anderen südamerikanischen Fischen (www.irc-house.demon.co.uk).

★ **Versorgung von Amputationswunden**
Quelle: Dr. James Li arbeitet in der Abteilung Notfallmedizin an der Harvard Medical School in Cambridge (Massachusetts). Er gibt Kurse am American College of Surgeons zum Thema Lebensrettung bei schweren Traumata. Er hat bereits mehrere Artikel über Notfallmedizin in der Wildnis veröffentlicht.

★ **Entfernung eines Blutegels**
Quelle: Mark E. Siddall ist stellvertretender Kurator der Abteilung Wirbellose im American Museum of Natural History in New York City.

Anhang

★ **Kleines Glossar für den Notfall**
Quellen: Französisch: Jennifer Wolf, MA, Doktorandin in Komparatistik, Universität Pennsylvania. Deutsch: Lisa Marie Anderson, MA, Doktorandin in Germanistik, Universität Pennsylvania. Japanisch: William M. Hammell, MA in japanischer Literatur, Yale University. Spanisch: Paul Carranza, MA, Doktorand in Komparatistik, Universität Pennsylvania.